即即決断

速さは無敵のスキルになる

田口智隆
Tomotaka Taguchi

きずな出版

即決断・即行動する人だけに、
成功の神様は微笑む――。

introduction

事物の中で最悪なのは決断できないことである。

――ナポレオン・ボナパルト（フランス第一帝政皇帝）

ビジネスにおいて、6ヵ月早ければよかった、ということはあっても、6ヵ月遅ければよかった、ということはまずない。

――ジャック・ウェルチ（ゼネラル・エレクトリック元CEO）

「できるか？」と聞かれたらいつでも「もちろん」と返事をすることだ。それから懸命にやり方を見つければよい。

――セオドア・ルーズベルト（第26代アメリカ大統領）

本当に重要なことだけを選んで、それ以外には「ノー」と断ることも大切だよ。

――ウォーレン・バフェット（投資家）

物事を考える人間は大勢いるが、行動を起こすのはたった一人だ。

――シャルル・ド・ゴール（フランスの軍人・政治家）

成功させる方法は一つしかないとわかっていた。当たって砕けろ、とにかくやれ、ということだ。

――ウォルト・ディズニー（ディズニー社創立者）

完璧を目指すより、まず終わらせろ。

――マーク・ザッカーバーグ（Facebook創業者）

60％の見通しで判断ができたら、決断することだ。あとは勇気と実行力である。

――松下幸之助（パナソニック創業者）

はじめに――

「即断即決《そくだんそっけつ》」は最強のスキルである

お金を貯めたいけれど、毎月の給料を全部使ってしまう……。
いつかは起業したいと思っているけれど、いつまでも会社員を続けている……。
ダイエットをしたいけれど、なかなか食生活を変えられない……。

このように、やりたいことがあるのに始められない、あるいはやめたほうがいいことはわかっているのにやめられない……といった、モヤモヤした気持ちに悩んでいる人は多いかもしれません。

しかし、ついこんな言い訳をして、今日もまた先延ばしにしてしまいます。


「いつかはやろうと思っているんだけど……」

「もっとお金があったら……」

「もう少し時間があったら……」


こんなふうに、「できない言い訳」ばかり考え、必要なことをズルズルとあと回しにする人はたくさんいます。

後悔することがわかっているのに……。その気持ちはよくわかります。

かつての私も「先延ばし人間」でしたから。


私は34歳のとき、お金に不自由しない状態、いわゆる「お金のストレスフリー」を達成しましたが、20代の頃は毎日のようにギャンブルやキャバクラ、飲み会に明け暮れて、荒《すさ》んだ生活を送っていました。その結果、数百万円の借金を抱え、自己破産寸前まで追い込まれました。

もちろん、「このままではいけない」と頭の片隅ではわかっていました。しかし、「そのうち、なんとかなるだろう」「競馬で万馬券が的中すればすべて解決だ！」などと自分に言い聞かせていたのです。

今振り返れば、なんて愚《おろ》かだったのだろうと、猛省しています。先延ばしにしても、状況は悪くなり、借金は膨《ふく》らむばかりだったからです。あなたも同じように頭ではわかっているけど、つい先延ばしにしていることはないでしょうか。

先延ばしにする人に必要なのは、「即断即決するスキル」です。

間髪を容《い》れず、すぐ決断し、行動に移す。日々それを積み重ねることによって、先延ばしを防ぎ確実に前進することができます。

私はこれまで3000人を超えるお金持ちを見てきました。彼らと交流してわかったのは、「お金持ちには判断を先延ばしにする人はいない」ということです。

「おもしろそうだ」と思ったことはすぐに行動に移し、あまり気が乗らないときは「やめておきます」と言ってすぐに断る。

じつに決断が早くて、スマートなのです。

「ちょっと考えさせてください」「とりあえず持ち帰ってもいいですか」と言うお金持ちはまずいません。


即断即決し、即行動する。

そんなマインドの人が成功し、お金持ちになっています。その共通点に気づいてから、私なりに即断即決するための考え方やノウハウを蓄積し、実践してきました。

先延ばしをやめて、即断即決を習慣にすると、「あれをしていない」「これもしなければ」という心のモヤモヤが消えて、常に前に進んでいる感覚を得られました。そして、早く結果が出るようになりました。

そう、即断即決を心がけるようになってからは、自分のほしい成果を得ることができ、自然と人もお金も寄ってくるようになったのです。

私がお金のストレスフリーを実現できたのは、即断即決を意識して行動してきたから、と言っても過言ではありません。

本書では、即断即決をしてお金持ちになるための考え方やノウハウを紹介していきます。即断即決のノウハウは、誰でも習得できます。「だらしないから」「優柔不断だから」と自覚している人も、あきらめる必要はありません。

ちょっとした思考のポイントや実践のスキルを学び、日々の習慣に取り入れれば、即断即決できるようになります。ぜひ先延ばしにする人生に別れを告げてください。

さあ、準備はよろしいでしょうか。

本書をこのまま読み進めるかどうかは、あなたの決断しだいです。

ここまで読んで、少しでも興味をもっていただけたのであれば、ぜひその感覚に素直になって、一気に読み進めてください。きっとあなたの役に立てると自負しています。

反対に、自分には関係なさそうだと感じたのであれば、そのまま本書を閉じてください。

著者としては残念ですが、読まないという決断は、結果的にきっとメリットをもたらすはずです。

「あとで時間があるときに読もう」「気が向いたら読もう」と先延ばしにするのは、いちばんやってはいけない最悪の決断です。それだけは避けてください。

即断即決は、あなたの人生を必ず好転させるほどの力をもった無敵のスキルです。

ビジネスで結果を出している人、お金持ちになった人が実践している即断即決のノウハウを身につけて、あなたもストレスのない、幸せな人生を手に入れましょう。

著者

Contents

第3章

大きなゴールを設定して、小さな一歩から始める

第4章

「思考時間ゼロ」を実現するための習慣

第5章 成功へと導く「直感力」の磨き方

終章 「即断即決」の先に待っているもの

即断即決

——速さは無敵のスキルになる

ブックデザイン　ＩＳＳＨＩＫＩ
編集協力　高橋一喜

第1章

なぜ「先延ばし」にしてはいけないのか？

先延ばしには
デメリットしかない

最近、私はこれまでずっと先延ばしにしてきた習慣を、ようやく断《た》ち切ることに成功しました。

私は昔からお酒が大好きで、他人よりも量を飲むほうなのですが、ときに飲み会で深酒をして、記憶をなくすことがあったり、同席した人に失礼な暴言を吐いてしまったりすることがありました。本当にお恥ずかしい話です。

仕事が早めに終わった日や休日などは、午後4時を過ぎると、そわそわし始めて、一人で飲み始めることもよくありました。早い時間に飲み始めるので、ついつい飲みすぎてしまい、夜中にソファの上で目を覚ますことも……。

お酒を買いに行くのが面倒なので、自宅には24缶入りのビールケースが2～3個ストックしてあるほどでした。

飲みすぎであることは自覚していました。

健康に悪いことはもちろんですし、飲み始めたら、当たり前ですが仕事もできません。いい気分になってテレビを見るか、酔《よ》い潰れて寝てしまうのがオチです。

翌日も二日酔いで頭が痛い状態が午前中いっぱい続き、仕事も手につきません。午後4

時に飲み始めて、翌日の午前中まで二日酔いでボーッとしているということは、1日のうち20時間は正常な状態ではない、ということです。さすがの私も、このままではまずいと感じていました。

「いつかやめよう」

そう思っていたのです。

しかし、その思いとは裏腹に、お酒をやめることはできませんでした。ほとんど記憶がなくなってしまうような非生産的な2次会には参加しない、という自分のなかのルールだけは守っていたのですが、酒を飲みすぎる悪習はやめられず、先延ばしにし続けてきました。

ところが、ある日、ひょんなことからお酒を控えることを決断しました。

地方で講演会をするためにホテルに前泊していた私は、激痛で目を覚ましました。足の親指の付け根がじんじんと痛むのです。足を床につけるだけでも激痛が走るので、歩くこともままなりませんし、靴はおろか、靴下をはくだけでも痛い。結局、その日は講演会の主催者にスリッパを用意してもらい、足をひきずって登壇する羽目になりました。

のちほど病院で診察してもらうと、「痛風《つうふう》」でした。贅沢病ともいわれる病気で、尿酸値が高くなると足の指などに症状があらわれます。文字通り、「風が吹いても痛い」というほどの激痛が特徴です。経験者はおわかりでしょうが、本当に地獄のような痛みなのです。
痛風のおもな原因は、プリン体の多い食品とアルコールの過剰摂取。私の場合、アルコールの飲みすぎが原因なのはあきらかで、半強制的にアルコールを控えることになりました。
最初は不安でたまりませんでした。

「お酒を飲まないと、夜、寝つけなくなるのでは……」
「お酒を飲まないと、人間関係が狭くなるのでは……」

しかし、1週間も禁酒生活を続けていたら、それが杞憂《きゆう》であることがわかりました。むしろ、いいことだらけだったのです。

1つめは、正常な意識の状態でいられる時間が増えたこと。

二日酔いに苦しむこともなくなり、体がみるみる健康になっていくのを実感することになりました。

2つめは、本を読む楽しさを再確認したこと。

お酒を飲まなくなって必然的に自由な時間が生まれ、読書をする時間が格段に増えました。前から読書は好きだったのですが、あらためて本の面白さを発見し、知識や教養が深まっていくのを実感しています。

3つめは、新たな人間関係が広がったこと。

飲み会などに参加する機会が少なくなった代わりに、ランチミーティングやセミナーなどに参加する時間が生まれ、これまでとは異なる人脈を構築することができました。また、夜の飲み会もお酒は1杯程度に制限するようになったので、記憶がなくなるほど酔うこともなくなり、これまでよりも深い話やビジネスに直結するような有意義な会話ができるようになったのも、大きなメリットです。

私の場合、痛風になって仕方なくお酒をやめる結果となったのですが、先延ばしにすることで、健康や、本を読むといった知的好奇心を満たす時間、新しい人間関係といった大切なことをたくさん失っていた事実に気づかされました。

決断を先延ばしにすることは、デメリットだらけです。

せっかく夢ややりたいことがあっても、「今はそのタイミングではない」と先延ばしにしていたら、結局、夢のままで終わってしまいます。

悪い習慣を断ち切ることを決断できずにいれば、私の飲酒と同じように状況は悪化するばかりで、健康や人間関係、信頼などさまざまなものを失う可能性があります。

ビジネスでも優柔不断な人や、いつまでも決められずにいる人は、「この人は仕事ができない」というレッテルを貼られ、信用を失います。当然、リーダーシップも発揮できないので、昇進も見込めないでしょう。

あなたは、先延ばしにしていることはないでしょうか。まずは胸に手を当てて考えてみてください。

即断即決ポイント❶

先延ばしが人生を狂わせる

あなたはこの10年で3400万円損しているかもしれない

決断を先延ばしにしていると、お金も貯まりません。

人口減少社会に突入し、経済成長が見込めなくなった今、給料が上がり続ける保証はありません。年金制度の破綻《はたん》も懸念されています。将来の老後資金に不安をもつ人が増えているのは当然です。

そんな世相を反映して、メディアでは「将来に備えて自分年金を積み立てよう」「今から資産運用を始めよう」といった情報が氾濫《はんらん》しています。なかには「老後資金には3000万円が必要」といった具体的な情報も見られます。

老後資金としていくらあれば足りるかというのは、家族構成やその人の人生観、ライフスタイルによっても異なるので一概には言えませんが、働けなくなったときのことを考えて、今から備えておくことは大切です。

しかし現実には、多くの人が「不安」におびえるだけで、資産運用や積立を実行に移すことができていません。つまり、やらなければいけないと思っているのに、先延ばしにしている状態です。

自分の老後に必要な金額を計算して、すぐにでもそれに向けて準備を始めたほうが毎月の積立額は少なくなりますし、運用利回りも低くて済みます。

現実として、30代で始めるのと、40代で始めるのとでは大きな差が生まれます。

たとえば、老後資金として65歳までに3000万円を貯めると決めれば、毎月いくら積み立てればいいかが明確になります（現在の貯金をゼロとします）。

仮に35歳の時点で積立を始めたら、積立期間は30年なので、毎月約8万4000円（3000万円÷30年÷12ヵ月）の積立額が必要になります。

一方、45歳の時点で同じく積立を始めたら、どうなるでしょう。積立期間は20年となり、毎月12万5000円（3000万円÷20年÷12ヵ月）もの金額を積み立てなければなりません。10年スタートするのが遅れれば、そのぶん、老後資金を貯めるのがむずかしくなるのは火を見るよりあきらかです。

これは単純な積立のケースですが、積極的に投資で運用する場合でも、10年もの差があれば、同じ利回りで運用したとしても大きな差がつきます。

たとえば、AさんとBさんが毎月5万円ずつ投資したとします。投資期間20年のAさんの場合、投資金額は1200万円（5万円×12ヵ月×20年）。一方、投資期間30年のBさんの場合、投資金額は1800万円（5万円×12ヵ月×30年）となります。

このとき、Aさん、Bさんともに年7％の利回りで運用したとしましょう。投資運用の大きなメリットは、元金によって生じた利子を次期の元金に組み入れる「複利効果」にあります。詳しい計算式は省略しますが、この複利効果が働くと、投資期間20年の場合は約2600万円、投資期間30年の場合は約6000万円の資産額になります。

投資額は1200万円と1800万円とで600万円しか違わないのに、複利効果によって資産額は3400万円もの差が開いてしまうのです。

このように積立や運用をするなら、早いほうが有利であることは間違いありません。老後に備えて自分年金を始めなければと思っている人は、今すぐ始めたほうが目標金額をムリなく貯められます。

決断を先延ばしにすればするほど不利になって、明るい老後を期待できなくなるのです。

即断即決ポイント❷

貯金や運用は早く始めるほど有利になる

「いつかは」は絶対にやってこない

「いつかはお金持ちになりたい」

本書を読んでいる人のなかには、こんな願望を抱いている人がいると思います。

しかし、断言します。

「いつかは……」と思っているかぎり、絶対にお金持ちにはなれません。なぜなら、人は楽なほうへと流されてしまう悲しい生き物だからです。

貯蓄や運用をしなければお金持ちにはなれませんが、欲望にしたがってほしいものを買ってしまったほうが一時的にはハッピーな気分になれます。お金持ちになるには、仕事や勉強などに時間を費《つい》やす必要もありますが、現実には友人と遊びに行ったり、飲みに行ったりするほうが楽しいでしょう。

「いつかは」という言葉は、あいまいな表現なので、脳が勝手に「今やらなくてもいい」と変換してしまいます。そして、目の前の楽なことや快楽に流されてしまうのです。

あるセミナー参加者の例を紹介しましょう。

浪費をやめられない山田貴文さん（仮名）は、35歳の会社員。東京都内の賃貸マンションで専業主婦の妻と子どもと一緒に3人で暮らしています。

彼は、「いつかは一戸建ての家を購入したい」と妻と話していますが、目標とする住宅ローンの頭金が貯められずにいました。手取りの月収は35万円ほど。贅沢な生活をしているわけではないのですが、月収はほとんど手元に残りません。月によって家計はマイナスになり、ボーナスで補てんしている状態です。

なぜか？

原因は、山田さんの交際費にありました。

営業部に所属する彼は、8人の部下を率いるチームリーダー。週のうち3日は部下と飲みに出かけて、後輩の飲食代もすべて支払っています。

「自分もこれまで先輩にご馳走になってきた。上司が部下におごるのは当たり前だ」というのが彼の言い分です。しかも、お客様の接待も多く、2次会や3次会で自腹を切ることも少なくありません。

妻からは「飲み会に行くのをほどほどにしないと、いつまでも頭金が貯まらない」と愚痴をこぼされているのですが、「わかっているけれど、付き合いもあるんだから仕方ないじゃないか！」と逆ギレして、毎回半ば強引に話を切り上げています。

山田さんにとっては、今の状態が部下やお客様との関係もうまくいって心地いいのかもしれません。しかし、この状態が続けば、いつまでたってもお金は貯まりません。

山田さんのいちばんの問題は、「いつかは一戸建ての家を購入したい」という願望にとどまっている点です。

「5年後に住宅ローンの頭金となる800万円を貯めて一戸建ての家を購入する！」など と具体的な数字を目標に掲げて決断しなければ、いつまでもお金は貯まりません。

決断を先延ばしにしても、状況は悪化するだけです。

放っておけば改善されることはありません。

100の状態から95に悪化したとき、早めに決断をすれば100に戻すのはむずかしくありません。リカバリーが早ければ早いほど傷口は浅くて済みます。

しかし、決断を先延ばしにして、さらに90、80、70と悪化したら、元に戻すのは簡単ではありません。致命傷になる可能性さえあります。

投資を例にあげれば、**100の元本が90まで減ったとき、多くの人は「10％の利回りで運用すれば取り戻すことができる」と考えがちですが、90を10％で運用しても99にしかなりません。11・2％で運用しないと元本を取り戻せないのです（投資の本ではないので、詳しい計算式は省略します）。**

これは、投資にかぎらず、仕事や人生などさまざまな局面に当てはまります。決断が遅れるほど失ったものを取り戻すのに大きな時間と労力が必要になるのです。

先ほど紹介した山田さんも、お金を貯めるという決断を先延ばしにしていれば、どんどん状況はむずかしくなります。

「すぐにでもやったほうがいい」けれど実行できていないこと、あるいは「すぐにでもやめたほうがいい」けれど続けていることがあるなら、即断即決して、即実行してください。

決断を先延ばしにすると、あなたの幸せな将来は逃げていきます。

即断即決ポイント❸

先延ばしにするほどリカバリーがむずかしくなる

第2章

だから成功者は仕事が速い

「即断即決」のもうひとつの意味

即断即決は、一般的に「すぐにやると決断すること」を意味します。「即断即決」という言葉を辞書で引けば、「その場でただちに決めること。間髪を容れずに決断を下すこと」などと記載されています。

しかし、私は「即断即決」には、もうひとつの意味があると考えています。私はこの言葉を自分なりにアレンジし、2つの意味に分けてとらえています。

① 即、断つこと
② 即、決めること

②は辞書通りの意味ですが、①は田口オリジナルの解釈です。

即断とは、すぐに何かをやめることです。

何かを決めることと、何かを断つことはコインの裏表の関係にあります。何かをしようと決めれば、同時に何かをやめることになります。

たとえば、英語を習得するために英会話の勉強をしようと決めたら、これまでと同じ時間の使い方はできません。

1日は24時間であることは変わりありませんから、英会話の勉強にあてる時間を確保するために、これまでテレビやネットサーフィンに費やしていた時間を断つ必要があります。お金を貯めようと思えば、ほしいものを買うのをやめる、という選択をしなければなりません。これまで使っていた飲食費や遊興費などを節約する必要があるのです。


私にとって人生を変える大きな決断となったのは、ギャンブルなどに明け暮れていた生活を断ち切り、破産寸前の状態から抜け出すことでした。

お金を貯めようと固く決意した私がしたことは、まずお金を浪費するのをやめること。これまでキャバクラやパチンコ、競馬、ブランド品などに浪費していたお金を借金の返済に回すことにしたのです。

浪費をやめなければお金は貯まりませんから、選択の余地はありませんでした。

破産寸前の状態から抜け出すという決断をしたから、これまでの悪循環を断ち切ることができたのです。

お金持ちになる人は、成功するために必ず何かを断っているはずです。

起業家として成功するためには、自分の時間のほとんどをビジネスに注ぎ込む時期が必要になります。テレビを見る時間や趣味にあてる時間はどうしても少なくなるはずですし、友人や恋人と過ごす時間も一時的に減るでしょう。

即断即決とは、お金と時間の使い方を変えることでもあります。

私の場合、これまで仲間と一緒にキャバクラやギャンブルに出かけて使っていたお金を借金返済にあてると同時に、遊び歩いていた時間の代わりにセミナーや勉強会などに参加し、学びや人脈づくりに振り向けたのです。

あなたにも、「こうなりたい」という夢や目標があると思います。本当にそれを実現したいなら、夢や目標を達成することを決めて、それを阻害《そがい》する行動や習慣をやめること。それが、お金持ちになる第一歩です。

即断即決ポイント❹

決断とは時間とお金の使い方を変えること

古いものを断つから、新しいものが入ってくる

お金持ちになる人は、やめること（即断）を厭《いと》わない傾向があります。心のなかでやめたほうがいいものだと思ったことは、ためらうことなくやめます。

あなたは、何かをやめることに恐怖を感じるかもしれません。

「これまでやってきた習慣をやめる」
「これまでの時間の使い方をやめる」
「これまで付き合ってきた人との関係を断つ」

このような決断をすることで、何か大事なものを失うのではないか……と心配になる人もいるでしょう。

しかし、それは杞憂に終わります。

断ったからといって損することはまずありません。むしろ新しいものが手に入ります。

私は破産寸前の状態から抜け出すことを決意して、ギャンブルやキャバクラ通いをやめました。すると、当然ながら自由に使える時間ができます。キャバクラに通っていたアフターファイブの時間も、競馬やパチンコに行っていた週末も自由に使うことができます。

そこで、その時間を使って私が始めた習慣のひとつが読書です。

それまでろくに読書をしてこなかった私にとっては新鮮な体験で、新しい知識を学ぶことが楽しくてたまりませんでした。

その後、手当たりしだいに本を読み漁《あさ》るようになり、そのとき得た知識は、お金のストレスフリーを実現する過程で大いに役に立ちましたし、こうしてビジネス書を執筆できているのも、読書によって得た知識が土台になっているからです。


人間関係についても同じことが言えます。

ギャンブルやキャバクラ通いをやめてからは、一緒にそれらに通っていた〝悪友〟とも自然と疎遠になっていきました。

一時的に人間関係が縮小したのはたしかですが、お金のストレスフリーを目指す過程でセミナーや勉強会に参加しているうちに、同じようにお金やビジネスに対して意識の高い人と付き合うようになり、いい意味での刺激を受けるようになりました。

破産寸前の時代と今とでは、人間関係は9割以上入れ替わっています。もちろん今のほうがいい人間関係を構築できているのは言うまでもありません。

やめることを恐れる必要はありません。**10のうち3をやめれば、新しいものが3つ入ってきます。**すでに10の状態だと入ってくるものも入ってきません。やめる判断（即、断つ）習慣を身につけることが大切です。

もしも現時点で閉塞感や悪循環にとらわれているようなら、まず何かを断つことを考えてみましょう。「これはやめたほうがいい」と内心思っているけれど、続けてしまっていることは誰にでもあるでしょう。

やめることで、新しい世界が開けるはずです。

即断即決ポイント⑤

悪い習慣を断ち切れば、いい習慣が身につく

成功する人ほど、小さく負けている

「お金持ちは勝負師」というイメージをもっている人が多いようです。「儲かりそうな投資先に一点張りして大金を投じる」「これぞと思った事業に時間とお金を集中的に投資する」……そんなイメージかもしれません。

たしかに、一か八かの大勝負に挑んで富を手に入れたタイプもいるでしょう。しかし、それは少数派。私が知っているお金持ちの多くは、**大きく勝つことよりも、いかに大きく負けないかを考えています。大きく負けそうになったら、即撤退するのです。**

とくに投資で成功するには、大きく儲けるよりもいかに損切《そんぎ》りするかがカギとなります。

たとえば、株価1000円の個別銘柄を購入したとします。ところが、徐々に株価が下落、とうとう900円まで下がってしまいました。

このとき、あなたならどうするでしょうか。早めに見切りをつけて売ってしまう？

それができたら、投資家としての才能があります。

しかし、現実には多くの投資家は、いざ、このようなシチュエーションに直面すると、見切ることができません。

「一時的に下がっているだけで、すぐに1000円に戻るだろう」

「これ以上は下がらないだろう。大丈夫、もう少し様子を見よう」

このように何の根拠もなく自分の都合のいいように考えがち。希望的観測にとらわれて、株を売ることができなくなるのです。

そして、900円から800円、700円、600円と下がるにつれて、「ここで売ったら大損することになる。もしかしたら値上がりするかもしれないから、しばらく保有しておこう」という心理になっていきます。これが、いわゆる**株の塩漬け状態**です。

私は、今では投資信託を中心に資産運用をしていますが、かつて個別株を売買していた時期があります。やはり株価が下がったとき、同じような心理に陥《おちい》り、大きな損失を出してしまいました。

投資では全戦全勝はありえません。勝ち続けているように見える投資家でも、必ずどこかで負けています。それでも、一流の投資家が儲けを出せているのは、大きく勝つことよりも、いかに損切りするかを重視しているからです。

投資の場合、10戦のうち9勝1敗の成績でも、1敗で大負けすれば利益がすべて吹っ飛ぶ可能性があります。いくら勝ち続けていても、リーマンショック時のような大暴落が起きれば、利益がなくなるどころか、マイナスになるリスクもあります。それが投資の怖さでもあります。反対に、2勝8敗の成績であっても、8敗が小さな負けで済めば、利益が残る可能性は高くなります。**成功している投資家は、損失が小さい段階で「損切り」をして、ダメージを最小限にとどめ、別の有望な銘柄に投資しているのです。**

具体的に言えば、成功している投資家は、「3%値下がりしたら売却する」といったルールを決めて、愚直に実行しています。自分の意思に頼ることに不安を感じる人は、指値をして自動売買で半強制的に売却する方法もあります。

投資で成功している人のほとんどは、一発勝負で大金を手にしたタイプではありません。成功者の大多数は、長く投資の世界で勝負できる状況を自分でつくり出しています。つまり、大きく儲けることを狙わずに、損失を小さくするスタイルを貫いているのです。

大きく負けないことの大切さは、ビジネスも同じです。

人とお金を大量に投入する大プロジェクトは、仮に失敗すれば、会社の屋台骨を揺るがすような大ダメージを与える可能性があります。大プロジェクトであればあるほど、あとに引けなくなり、致命的な損失につながります。

個人で起業をするケースでも、いきなり数千万円の借金を背負ってしまったら、失敗して立ち直れないほどの痛手を負うかもしれません。

セミナーの参加者から、こんな相談を受けたことがあります。

「脱サラしてマッサージ店を開業するために、一等地の空き店舗を買い取ろうと思っています。どうしたら資金を融資《ゆうし》してもらえるでしょうか？」

このとき、私はこう答えました。

「融資はいりません。会社を辞めるのも考え直してください。まずは、週末だけ自宅で始めてみてはいかがですか」

意外な答えだったのか、彼はポカンとした表情をしていましたが、私は彼の「起業して成功したい」という情熱に水を差したかったわけではありません。

店舗を購入して多額の借金を背負うのは、リスクが高すぎると判断したからです。マッサージ店は競争が激しいですから、新規参入者がすぐに成功できるとはかぎりません。いくら実力があっても、軌道に乗せるのは簡単なことではないのです。大金を投じた手前、すぐに撤退するという決断もしにくくなります。

もし多額の借金をして店舗を購入した末に失敗すれば、立ち直るのは至難の業です。会社も辞めてしまえば、借金返済のため、就職先を探すところから始めなければなりません。

私は、彼が実家の一軒家に暮らしていることを知っていたので、会社が休みの週末だけ自宅の一部を店舗にして営業してはどうかとアドバイスをしました。そうすれば、借金を背負う必要はありませんし、たとえうまくいかなくても会社員としての収入があるので、いつでもリベンジできます。損失を小さく抑えることができるというわけです。

実際にマッサージ店を営業してみれば、うまくいかないことも見えてきて、改善していくこともできます。脱サラして店舗を購入するのは、それからでも遅くはないでしょう。

ビジネスにおいても、いつでも損切りの決断がしやすいような環境をつくることが、成功する秘訣なのです。

即断即決ポイント❻

早めに「損切り」するのが成功の秘訣

スピードと利益は比例する

ビジネスにおいて何より大切なのは「スピード」です。

目まぐるしく変化していく市場のなかで、ライバルよりも先に新しい市場を開拓し、絶えず変化に対応していく。もし問題やトラブルが発生したら、被害が拡大しないうちに対処する。これはビジネスの基本中の基本であり、これからも変わることはないでしょう。

このような市場で生き抜いていくためには、スピード感をもってビジネスに取り組む必要があります。つまり、即断即決がキーワードとなります。

ビジネスには「先行者メリット」があります。誰よりも先に市場を開拓した者が大きな利益を得ることができます。

たとえば、アフィリエイト（インターネット上の広告代理店）の世界も先行者メリットがものを言った時代がありました。早く始めた人ほど大きな利益を手に入れることができたのです。私もアフィリエイトビジネスの黎明期《れいめいき》に、自分の発行するメルマガでＦＸ（外国為替証拠金取引）会社を紹介して報酬を得ていたことがあります。

当時は、アフィリエイトビジネスを手がけている人はそれほど多くなかったこと、そしてＦＸ会社による顧客獲得競争が激しかったこともあって、私のようなアフィリエイターにとっては〝おいしい〟ビジネスでした。

勝因は、まだアフィリエイトビジネスが盛んになる前に始めると決断したこと。私に特別なノウハウがあったわけではありません。

現在でもアフィリエイトビジネスを始めることはできますが、すでに数多くの人が参入していて飽和状態です。他の人と同じことをやっても、成功するのはそう簡単ではありません。

即断即決はビジネスを有利にします。

私のセミナーの参加者にダンススクールを始めた人がいます。

いくらダンスの技術がすぐれていても、ダンス人口は限られているので、新規参入は簡単ではないと想像できます。

しかし、彼女が賢かったのは、ディズニーの大ヒット映画『アナと雪の女王』のブームに便乗して生徒を集めたことです。ダンススクール開業に向けて準備をしていた彼女は、『アナと雪の女王』がヒットしているのを知って、「映画のなかで主人公が踊っていたダンスの振り付けを教えます」とホームページや広告でPRし、見事新しいニーズをつかむことに成功したのです。あとで他のダンススクールも真似をして同じようなレッスンをつくったそうですが、先行者メリットのおかげで経営も順調のようです。

「これは使える！」と思ったら、ブームや社会現象にいち早く注目し、自らのビジネスに活かす。これこそ、彼女が成功した秘訣と言えます。

今であれば、２０２０年に開催される東京オリンピック・パラリンピックは、すべてのビジネスパーソンにとって大きなビジネスチャンスです。即断即決ができる人は、すでに２０２０年に向けて即断即決し、動き始めているでしょう。彼らは後発になればなるほど、得られる利益が小さくなるとよく理解しているからです。

即断即決ポイント❼

変化やトレンドをつかみ、先行者メリットを手に入れよう

利益を生まない時間を極端に嫌え！

会社員の立場であれば、少々気が乗らないからといってネットサーフィンをしていても、営業をサボってカフェで時間を潰していても、給料が振り込まれます。

しかし、経営者の立場になれば、売上や利益にならない行動はムダな時間でしかありません。自営業やフリーランスの場合も同じです。自分が働いて成果を出さなければお金にならないのですから、移動時間やダラダラと打ち合わせする時間などは、もったいないと感じるのは当然です。

起業してから間もない人も、自分の働きが収入に直結します。ですから、休日もついつい仕事をせずにはいられない、という起業家は多くいます。

お金持ちになる人ほど、利益を生まない時間を極端に嫌います。

ある知り合いのお金持ちは、大阪から東京に戻る途中、乗っている新幹線が運悪く車両トラブルに見舞われ、静岡県のある駅で運転見合わせとなってしまいました。

東京でお客様と商談する約束をしていた彼は、復旧のめどがたっていないというアナウンスを聞くと同時に、すぐさま新幹線から降りてタクシーに飛び乗りました。

しばらく待っていれば運転を再開するかもしれませんし、静岡から東京までのタクシー運賃は数万円にのぼるでしょう。常識的に考えれば、お客様に事情を話して、アポイントを別の日時に変更してもらうよう頼むのが一般的かもしれません。事情が事情ですからお客様も怒ったりはしないでしょう。

しかし、**彼は予定通りにお客様との商談の席につくことを優先したのです。**それだけ大事なお客様であると同時に、いつ運転再開するかわからない新幹線のなかで待ち続けることが耐えられなかったからです。だから、この状態を切り抜けることを優先し、多少のコストがかかっても、タクシーという手段を選んだのです。

結果的に新幹線はまもなく運転を再開し、彼がタクシーで東京に着いた時刻とほぼ変わらなかったそうですが、彼は「あれは正しい選択だった」と胸を張っていました。

これは少し極端な例に感じるかもしれませんが、程度の差こそあれ、成功者は「この時間はお金を生むかどうか」を判断基準にし、即断即決しているものです。

ある億万長者の知人は、自分の収入を時給換算することが大事だと言います。

「私の年収を時給換算すると、80万円ほどになります。そう考えれば、電車を数時間乗り継いで目的地に向かうよりも、ヘリコプターを手配して短時間で移動したほうが効率的なケースもあります。時給換算をすると、今どんな決断をすればいいかが明確になるのです」

あなたの収入を時給換算したら、いくらになるでしょうか。計算してみてください。**月平均50万円の収入であれば、時給は3125円となります（50万円÷20日÷8時間）**。自分の時給が明確になると、なんとなくネットサーフィンしている時間や、何もせずに迷っている時間が、いかにもったいないか実感できるはずです。1時間ボーッとしていたら、3125円を失うのも同然です。

常に、「今の時間は利益を生み出しているか」を意識することによって、スピード感のある決断ができ、お金持ちに近づくことができます。

即断即決ポイント❽

収入を時給換算してみる

「大トロ」から
食べなさい

いきなりですが、質問です。

あなたは、とんかつ定食を注文しました。

5つにカットされたとんかつの、どこから食べるでしょうか？

「いちばん端っこから食べる」

そう答えた人は、残念ながらお金持ちになるには、ちょっとした意識変革が必要かもしれません。

私がお金のストレスフリーを実現する以前に、知り合いのお金持ちの経営者と一緒にとんかつ定食を食べたときのこと。彼は、ためらうことなく、真ん中のいちばん分厚くておいしい肉から食べ始めました。そのことを指摘すると彼はこう言いました。

「いちばん分厚くて、おいしいところから食べないと損じゃないか。おなかいっぱいになってからだと、おいしさが半減してしまう」

さらに話を聞くと、寿司を食べに行ったときは大好物の大トロから、焼肉を食べに行ったときは特上カルビから注文するそうです。この話を聞いてから、お金持ちの注文のしかたが気になって観察していたのですが、資産が多い人、収入が多い人ほど「おいしいと思うもの」を早めに注文する傾向があることに気づきました。

お金持ちは、何から食べることが自分にとってメリットがあるかを理解し、それに従って、間髪を容れずに注文します。

つまり、自分にとって重要度の高いものを即断即決で選択しているのです。

じつは、食べ方や注文のスタイルは仕事のやり方にもあらわれます。

たとえば、お金持ちになる人は、ビジネスでも重要な顧客を優先します。

あなたが保険の営業マンだとします。顧客Aは、前向きに考えてくれている様子だけれど、会うたびに世間話ばかりされ、なかなか契約してくれない。挙句の果てには、「もっと保険料を下げてほしい」と言ってくる始末……。

一方、顧客Bは、1000人の従業員を抱える会社の経営者。高額の保険契約を結んでくれたばかりでなく、ときどき経営者仲間や従業員を顧客として紹介してくれる。

顧客Aと顧客Bから、同じ日の同じ時刻に来てほしいと言われたら、あなたはどちらのアポイントを優先するでしょうか。

2人とも大事なお客様であることに変わりはないので迷ってしまう……というあなたはお金持ちにはなれません。みんなにいい顔をしたくなる気持ちはわからなくもありませんが、八方美人でいると重要な決断をミスして、チャンスを逃す結果となります。

お金持ちになる人は、迷うことなく顧客Bを優先します。

顧客Bを優先したほうが、売上が伸びることがあきらかだからです。お金持ちの優良顧客は、別の優良顧客とつながっているものですから、芋づる式にいいお客様を開拓できます。

自分にとって重要なことを意識しているでしょうか。これが明確になっていないと、即断即決ができず、成功するチャンスを逃すことになります。

即断即決ポイント❾

おいしいものから先に食べるのが正解

お金持ちは、判断の「軸」をもっている

朝起きてから夜寝るまで、毎日は即断即決の連続です。

あなたの選択の積み重ねが、今の人生をつくっていると言っても過言ではありません。

だから、何気ない日常の選択の場面を観察しているだけで、その人が即断即決できる人なのか、もっと言えば、お金持ちや成功者になる資質を備えているのかを見定めることができます。

たとえば、ランチで定食屋に入ったとき、すぐにメニューを決められるかどうかは注目するポイントです。

私の経験則でいえば、お金持ちの人ほど注文するメニューを素早く決めます。反対に、お金持ちでない人ほど、「A定食もいいけど、B定食も気になるなあ。あっ、C定食も悪くないぞ」と時間をかけて散々迷います。

お金持ちの人が、メニューを決めるのが早いのは、「軸」が決まっているからです。

ここで言う「軸」とは、物事の判断基準となる価値観やポリシーなどのことです。

たとえば、「食事が健康の基本である」という考えをもっている人であれば、肉メインのメニューよりも、野菜や魚がメインのものをすぐに選びます。「今はお金を貯めることに専念したい」という軸をもっている人であれば、いちばん安いメニューで即決するでしょう。

お金持ちの知り合いに「アフィリエイトで1億円を貯める」という目標をもっている人がいましたが、毎日ランチは立ち食い蕎麦と決めていたそうです。軸がしっかりしていたからこそ、彼は本当に1億円を貯めることに成功しました。

お金持ちは、仕事や生活にかぎらず、あらゆる面で判断基準となる軸をもっているものなのです。


一方で、「軸」をもっていないと、まわりに流されやすくなります。

破産寸前の生活をしていた20代の頃、私はまわりの顔色ばかりうかがっていました。


「飲み会に行くのを断ったら、仲間を失うのではないか……」

「競馬に行かないと言ったら、嫌われるのではないか……」

「とっとと仕事を片づけて定時に帰ったら、嫌なやつと思われるのではないか……」

このように他人の目が気になり、まわりに流されていたのです。

あなたも知らず知らずのうちに流されていないでしょうか。

「家庭をもったらローンを組んで家を買うのが当たり前だから」と、深く考えることなく家を買ってしまう人は、おそらくまわりに家を買う人が多く、それが当然のことだと思ってしまうのでしょう。

しかし、終身雇用、年功序列が当たり前だった時代ならまだしも、今は多額の住宅ローンを返せるほど給料が上がる保証はありませんし、いつ会社を辞めることになるかわかりません。

借りる人は意外と意識していませんが、住宅ローンは借金です。長期間かけて返し続けなければならず、そのぶん投資や貯金に回すお金はなくなります。人生の選択肢が狭まることを意味します。


まわりの人が高級車に乗っているから……まわりの人が高級時計をしているから……そんな理由でお金を使っていないでしょうか。

もしお金が貯まらないのなら、「軸」が定まっていない可能性が高いです。

あなたが心から好きなものは何でしょうか。

どんな生き方をしたいでしょうか。

判断基準となる「軸」を手に入れることが大切です。

確固とした「軸」をもつことによって、まわりに流されることなく即断即決ができるようになるのです（軸をもつコツについては後半でくわしく述べます）。

即断即決ポイント⑩

メニューの選び方を見ればお金持ちになれるかどうかわかる

第3章

大きなゴールを設定して、小さな一歩から始める

成功する人は、即断、即決、即行動

「田口さん、順調にお金が貯まっています！」

セミナーの参加者から、後日このような報告を受けると、とてもうれしくなります。

私がこれまで見てきたお金持ちになる人に共通しているのは、いいと思ったことはすぐに行動に移す点です。

セミナーでいい話を聞いたり、本で役に立つ情報を得たりしても、ほとんどの人は行動に移しません。

「ああ、いい情報を得られてよかった」で満足してしまいます。

反対に、そういうときに即断即決し、行動に落とし込める人は、高確率で結果が出ます。すでに成功した人のノウハウなのですから、失敗する可能性のほうが低いと言えます。つまり、行動を起こした時点で8割成功していると言っても過言ではありません。

投資で成功してお金持ちになった人は、みんなフットワークが軽いという共通点があります。「儲かりそうだ」と思ったら、とりあえず口座を開設したり、資料を取り寄せたりするものです。そして、実際に行動してみた結果、「やはり自分には向いていない」と思えば、いさぎよく撤退します。やめるときもフットワークが軽いのです。

「じっくり考えて慎重に行動する」「熟慮《じゅくりょ》を重ねる」「石橋を叩いて渡る」……このように日本では、時間をかけることが美徳ととらえられる傾向が少なからずあります。

しかし、時間をかければいい結果が得られるとはかぎりません。**時間をかければかけるほど熟成されてよくなるのはワインだけです。**

たとえば、将来、起業独立を考えている人が、いいビジネスのアイデアを見つけたとき、じっくりと戦略を考えることに専念したとしましょう。

しかし、そうこうしているうちに、マイナスの情報ばかりが目に付くようになってきます。

「他にも似たようなビジネスモデルがある」

「お金がかかりそうだ」

「失敗する可能性がある」

本当はプラスの情報もあるにもかかわらず、リスクばかりに目がいってしまうのです。

また、時間をかければかけるほど、まわりの人の意見も入ってきます。妻から「そんなのうまくいくわけない」と反対されたり、同僚から「そんなアイデアはみんなが考えつきますよ」などと言われれば、起業しようという気持ちはしぼんでいきます。結局、多くの人は行動まで結びつかずに終わるのです。

1年に1回ほどのペースで会っている会社員の知人は、「今、面白いビジネスアイデアを考えている。会社をやめる準備をしているところだ」と毎回報告してくれますが、この10年間ずっと「起業準備中」で、あいかわらず会社員を続けています。

即断即決するだけでは、何も変わりません。決めたことに行動がともなっていなければ、その即断即決は無意味です。

即実行までできて、初めて「即断即決した」と言えるのです。

即断即決ポイント⑪

行動を起こした時点で8割成功

「たられば」の口ぐせが行動を遅らせる

「お金が貯まっていたら……」
「もっと経験を積めていたら……」
「給料が上がったら……」

即断即決、即行動ができない人は、このように「たられば」が口ぐせになっています。決断を先送りして行動を起こさずにいたら、現状維持できれば御の字。人生もビジネスも下降線をたどることになるでしょう。

「もし○○だったら」「もし○○できれば」が口ぐせになっている人は、できない理由をあげるばかりで、結局行動を起こしません。

もちろん、資金や人脈などすべての条件が揃った段階でスタートできれば結果が出る可能性は高くなるでしょう。

しかし、すべての条件が整うことはほとんどありません。

お金持ちは今できることを行動に移します。

たとえば、雑貨店を出すという夢をもっているけれど、資金が足りないという場合。このとき成功する人は、「まずはネット販売から始めてみたらどうか」「知り合いの店の一角に自分の商品を置いてもらえないか」という発想をします。

また、コンサルタントとして独立することを考えている場合。通常は経験を積んでから、実績を出してからという発想になりますが、アフターファイブや週末を使って、他のコンサルタントのセミナー運営の手伝いから始めてもいいでしょう。

運営側に入ることで、コンサルタントに求められる資質やセミナー運営に必要なノウハウを学ぶことができます。さらには、現役のコンサルタントと付き合っていれば、幅広い人脈を得ることも可能です。ボランティアで手伝ったとしても、得るもののほうが大きいでしょう。実際、私の知り合いには、この方法でセミナー講師として起業・独立を果たした人が何人もいます。

「景気がよくなっていたら……」

「もっと若かったら……」

「自由になる時間があったら……」

このような「たられば」が口ぐせになっているなら、まずはできる範囲でスタートしてみましょう。

かつての人気番組『マネーの虎』に出演し、全国にリサイクルショップを展開していた堀之内九一郎さんは、番組のなかで投資を志願してくる参加者に対して、**「今できることから始めればいいじゃないか」**と何度も口にしていました。移動販売のビジネスを始めるために新車を買う資金を投資してほしいという参加者には「最初は中古車でも自転車でもいいじゃないか」とアドバイスするのです。

できる範囲で始めれば、仮にうまくいかなくても致命傷を負わずに済みます。再起もしやすいでしょう。しかし、無理をしてお金を集めたりすれば、失敗したときに大きな借金を抱えることになり、リカバリーするのがむずかしくなるのです。

即断即決ポイント⑫

できる範囲から始めてみる

お金持ちは「ゴール思考」である

幸せなお金持ちになるためには、「即行動」が必要不可欠です。即断即決しても、行動が伴っていなければ、先延ばしにしているのと何ら変わりません。

即行動を実践するための第一歩は、「ゴール」となる明確な目標を立てることです。

たとえば、英語の勉強をしようと決めた人は、何らかのゴールがあるはずです。

「海外を舞台に仕事をしたい」

「外国人観光客に満足してもらえるような英語力を身につけたい」

「外国人の友人ともっと深いコミュニケーションをとりたい」

このようなゴールが明確になっていれば、英語を学ぶモチベーションを高く維持できるので、行動につながりやすいです。必要に迫られていれば英語の習得も早いでしょう。

一方で、もし**「英語を話せたほうが就職に有利かも」「まわりの人が英語を勉強しているから」といった理由で英語の勉強を始めたら、ほぼ間違いなく挫折します。**

なぜなら、英語を話す必要性がなく、仮に挫折しても実害はないからです。

英語の学習に興味をもっている日本人が多いわりに、英語を話せる人が少ないのは、勉強そのものが目的になっているからです。

目標を立てるときは、「いつまでに、こうなりたい」というところまで具体的に落とし込むことが大切です。

私のセミナーにやってくる人のなかには、「お金持ちになりたい」「田口さんのようにお金のストレスフリーを実現したい」という参加者が数多くいます。

しかし、私は彼らに対して、「お金持ちになりたい」と思っているだけでは、その夢は実現しないとアドバイスしています。目標を立てる行為そのものは大切ですが、それが具体性に欠けると、目標としての効果が発揮されないからです。

「お金持ち」の基準が自分のなかで明確になっていないので、何を目指せばいいのかわかりませんし、結果的にいつまでも「お金持ちになりたい」という漠然とした夢を追い続けることとなります。また「田口さんのようにお金のストレスフリーを実現したい」と言って、私と同じ金額を貯めても、その人が本当にストレスフリーになれるかどうかは別の話です。100億円の資産があっても、「足りない」と思う人はいます。

お金持ちになって何をしたいか？
どのくらいのお金が必要か？
いつまでに達成したいか？

ここまで明確にする必要があります。たとえば、「家族と一緒に過ごす時間を大事にするために、50歳になるまでに3億円を貯めて、半リタイア生活を実現する」というように、具体的で突っ込んだ目標を立てることによって、初めて行動に結びつきます。

目標が具体的でなければ、どんな行動をとればいいかも明確になりません。

「10年後に500万円貯める」という目標なら節約と貯金で達成できますが、「10年後に5億円貯める」という目標の場合は、リスクをとって資産運用をするか、起業してビジネスを成功させるといった手段をとらなければ実現しません。

当然、両者は日々とるべき行動も変わってくるはずです。

基本的に大きな目標であればあるほど、捨てなければいけないものは大きくなり、反対に比較的小さな目標であれば捨てるものも小さくなります。

目標が明確になっていないと、どのくらいの行動の量と質が求められるか自覚できないので、結局、何も実行に移せないまま挫折することになります。

また、目標を数字などで具体的にあらわせば、どこまで目標に近づいているかも実感しやすいです。「1000万円を貯める」という目標を立てたうえで、500万円が実際に貯まれば、「あと半分だ！」と発奮材料になります。登山と一緒でゴール（頂上）が見えないまま険しい道を登り続けるのは大きなストレスです。

目標が明確になると、日々の行動も即断即決できるようになります。

「3年後までに海外を舞台に仕事をしたい」という目標を設定すれば、海外の仕事につながるような決断を自然とできるようになります。

たとえば、「英会話スクール」と「知人との飲み会」の予定が重なった場合、英会話スクールに出席することを即断即決できるはずです。仮に目標が明確になっていなかったら、「英会話スクールは来週もあるから、今回は飲み会を優先しようかな」と迷っていたかもしれません。

また、友人から「海外事業部で働く人を紹介する」という誘いがあれば、その出会いが目標達成のきっかけとなるかもしれないので、どのアポイントよりも優先するはずです。

「6ヵ月後までに10キロダイエットする」という目標を立てた場合も、即断即決のハードルは低くなります。外食のメニューを選ぶときも、ためらうことなくボリュームがあるものよりもヘルシーな料理を選ぶでしょうし、移動するときもエスカレーターを使わずに階段を歩くことを選択するでしょう。

具体的かつ明確な目標は、判断基準となる「軸」のひとつになります。

だから、迷うことなくスピーディーに決断を下すことができます。お金持ちや成功者が即断即決できるのは、「将来こうなりたい」と強く心に描いているからです。

即断即決ポイント⑬

目標は具体的な文章にする

〝わがまま〟な目標を立てよう

目標を立てるときは、もうひとつポイントがあります。

それは、「心から達成したいと思っているかどうか」です。

あるセミナー参加者の話です。佐々木克也さん（仮名）は、小中学生向けの英会話スクールを経営する起業家。中堅商社に勤めていた彼は、子どもの頃から海外生活が長かったこともあり、英語力を活かして活躍していました。しかし、ボランティア活動の一環で子どもたちに英語を教えたときの喜びが忘れられず、英会話スクールを立ち上げて独立することを決意。見事、自分のスクールをもつことになりました。

ここまでは順調でしたが、彼は事業の拡大を図ります。子ども向けだけではニーズが限られるからとビジネスマン向けの英会話スクールを開校。さらには、フィリピンの現地講師がインターネット上で英会話を教えるオンライン英会話事業にも参入しました。

というのも、佐々木さんは、ある目標をもっていたからです。

「尊敬する先輩の○○さんのように年収1億円を稼ぎ、六本木ヒルズでセレブ生活をしたい……」。起業家として成功した大学の先輩に影響を受けて、憧れを抱いていたのです。

六本木ヒルズに住むには、地元で子どもたちを相手にしているだけではダメだと思い至り、事業の拡大路線に舵《かじ》を切ったというわけです。当然のことながら事業拡大にともない、忙しさは倍増。これまでは自分が子どもたちに直接教えていたのですが、授業はスタッフに任せることに。佐々木さんは経営に忙殺されることになりました。

しかし、拡大路線は思うように軌道に乗らず、次々と撤退を余儀なくされる結果になったのです。佐々木さんも疲労困憊し、「こんなはずではなかった……もうすべてやめてしまいたい」と廃業を考えるほど追い詰められました。

そんな彼に転機が訪れます。「本当は何をしたかったのだろうか」と自問自答する日々を続けていたとき、スクールで学ぶ子どもたちの姿を見て、「私は子どもたちに英語を教えたかったから、事業を始めたんだ！」とあらためて思い直したのです。その後、彼は地元の子ども向けのスクール運営に絞って自ら英語を教え、充実した日々を送っています。

佐々木さんが挫折したのは、「尊敬する先輩のように1億円の年収を稼ぎ、六本木ヒルズでセレブ生活をしたい」というゴールと、彼が心の底で目指しているゴールとの間に大きなギャップがあったからです。人間は自分の感情に大きく左右される生き物ですから、本当に望んでいないことを達成するために行動を続けることはできません。

もちろん、「事業を成功させて、六本木ヒルズに住みたい」といった目標でも、自分が心から望んでいるなら問題ありません。それも立派なゴールです。しかし、「先輩が事業で成功して六本木ヒルズに住んでいてカッコいいから」といった理由では目標としては弱いでしょう。**まわりの評価に左右されているだけで、自分が本当に望んでいる生活とはズレているかもしれないからです。**

ゴールは、自分本位で設定するのがコツです。他人から理解されないような、わがままな目標でもかまいません。他人の目を気にする必要もありません。自分が心底望んでいることでなければ、行動を続けることはできませんから。

ゴールは大きくてもいい。「この目標は自分には大きすぎる」と無難な目標にスケールダウンさせてしまう人がいますが、これも自分の本心とのズレが生じて、じきに行動が続かなくなってしまいます。目標を立てるときは、〝わがまま〟を貫き通すことが大切なのです。

即断即決ポイント⑭

自分が望んでいないゴールは達成できない

目標は「分割」すると
即行動に移せる

先ほど「ゴール設定はどんなに大きくても、わがままなものでもかまわない」という話をしました。しかし、実際に日々の行動に落とし込もうとするとき、ゴールが大きくて遠いと、「今、この瞬間に何をすればいいか」が具体的に見えなくなることがあります。

したがって、ゴールを決めたら**「中間ポイントとなる目標」**を設定することが大事になります。

「10年後に3億円貯めて、お金のストレスフリーを実現する」

このようにゴールを定めたとします。

この目標自体は具体的で何の問題もありませんが、やはり10年後というと、遠い未来なので実感がわかず、具体的に行動に落とし込むのはむずかしいと感じるでしょう。

そこで、私がセミナーの参加者などにアドバイスしているのは、「3年後の自分を本気でイメージすること」です。

「10年後に3億円貯める」というゴールの場合、普通に会社員として働いていても、実現は困難でしょうから、3年後には、ゴールに確実に近づくための具体的なステップを踏み出している必要があります。

「3年後には独立・起業して自分の会社を設立する」
「3年後にはトップ営業マンになって、給料が高い外資系企業に転職する」
「3年後には不動産投資で1億円の資産をつくる」

10年後をイメージするのはむずかしくても、3年後なら経済や社会の環境もそれほど大きく変わっていないので、イメージしやすいでしょう。また、最終的なゴールよりも、さらに具体的な目標になるので、そこまで到達するまでに何をしなければいけないかも明確になります。つまり、ゴールに向けて行動しやすくなるわけです。

ただ、3年後のゴールを決めて満足してはいけません。日々の行動を積み重ねなければ、10年後の目標はもちろん、3年後のゴールも達成することはできません。

したがって、**ゴールは短期の時間に区切る作業が必要になります。**目標は小さくなればなるほど行動に落とし込みやすくなるからです。

「この1年間ですべきこと」
←「この1ヵ月間ですべきこと」
←「この1週間ですべきこと」
←「今日、1日ですべきこと」

このように3年後のゴールイメージからさかのぼって一つひとつのタスクをクリアしていく。そうすれば確実にゴールに近づくことができ、今日、何をすべきかで迷うことはなくなります。つまり、日々即断即決ができるようになるのです。

即断即決ポイント⑮

3年後のゴールをイメージする

「最初の一歩」は自腹を切る

何かをすることを即断即決したら、即行動に移す必要があります。

人間は意外といいかげんな生き物です。固く決意したことも一晩寝てしまえば忘れてしまうことさえあります。私自身、「借金生活から抜け出そう」「お酒を飲みすぎるのはやめよう」と何度決意したことか……。そのたびにその決意を反故《ほご》にして、自分の意志の弱さに幻滅していました。

あなたも似たような経験をしたことがあるのではないでしょうか。


即行動を実践するには、最初の一歩を小さくすることです。

たとえば、「税理士の資格をとろう」と決断したとき、いきなり資格学校に入学を申し込むのはハードルが高いと感じる人も多いでしょう。学校に入学するには高額な料金がかかりますし、学校に通うためにこれまでの仕事や生活のスケジュールを大きく変更する必要もあります。

最初の一歩のハードルが高すぎると、多くの人は決意が揺らいでしまいます。「高額のスクール料金を払ったのに受からなかったらどうしよう……」「今は仕事が忙しい時期なので、スクールに通い始めたら職場のメンバーに迷惑をかけてしまうのではないか……」などとリスクばかりが思い浮かんできて、ついには「今回はやめておこう」という判断に至ってしまいます。

こうした事態を避けるには、**より小さな行動を最初の一歩にする必要があります。**

たとえば、「税理士向けの資格勉強法の書籍を購入する」「税理士を目指している人が集まるセミナーや勉強会に参加する」などは、それほどハードルが高くないので、何もせずにやめてしまうといった事態は防ぐことができます。

また、最初の一歩を踏み出せば、行動に勢いがつきます。

自転車に乗るとき、最初はペダルを漕《こ》いで勢いをつけたり、バランスをとったりしなければなりませんが、一度走り出せば大きな負担なくスイスイと前に進めます。それと同じで、最初の一歩で勢いがつけば行動を持続できるようになり、次のステップにも進みやすくなります。資格学校に入学するのも、資格試験の全体像をつかみ、すでに勉強のペースがつかめていればハードルは低くなるでしょう。

ただし、注意点がひとつ。

いくら小さな一歩といっても、お金がかからない行動はおすすめできません。

たとえば、「税理士の資格をとろう」と決意した人が、手始めにインターネットで税理士に合格した人の体験記やブログを読んでみる。これも一歩を踏み出していることに変わりはありません。何もしないよりは100倍もマシです。

しかし、無料でできることは、あまりにハードルが低すぎて、いつでも引き返すことができてしまいます。

一方で懐《ふところ》が痛むと、「後悔しないように前に進もう」という気持ちになるので、簡単には引き返せません。「せっかく本を買ったから……」「有料セミナーにも申し込んだから……」という思いが、簡単にあきらめる気持ちを封じ込めてくれます。

どんなに小さな一歩でも、自腹を切る——。

これが、スタートダッシュを成功させる原動力になるのです。

即断即決ポイント⑯

まずは、お金がかかる小さな行動を選ぶ

「行動日報」をつける

大きなゴールを達成するには、日々の行動の積み重ねが大切であることは言うまでもありません。

しかし、ゴールにたどりつく途中は山あり谷あり。いつもうまくいくとはかぎりません。ときには失敗や挫折を味わうこともあります。決意が揺らぎ、やめてしまいたいときもあるでしょう。

お金持ちや成功者は、このようなピンチをどうやって乗り越えているのでしょうか。

講演家として成功している、あるお金持ちからは、「毎日『日報』を書いていた」と聞いたことがあります。

その日の行動記録はもちろん、**うまくできたこと、うまくできなかったことを書き綴《つづ》る。**とくに本業である講演の仕事に関しては、反応がよかった話、逆に反応が悪かった話や反省点などを書き記して、常に講演家として進化することを心がけてきたといいます。

彼いわく、「講演家として成功できたのは、日報を使って自分の行動をチェックし、日々成長してきたからだ」とのこと。

大舞台で結果を出してきた一流スポーツ選手のなかにも、毎日ノートを書き続けている人は少なくありません。

たとえば、リオデジャネイロオリンピックで銅メダルを獲得した水泳の松田丈志選手は、28年間にわたり練習ノートを書き続け、その数は300冊にも及んでいるといいます。

サッカー日本代表で司令塔として活躍した中村俊輔選手は、17歳からサッカーノートを書き続けており、そのなかには自分の夢や思い、悔しさ、不安、弱点といったことが綴られているそうです。

即断、即決、即行動をするうえでも「行動日報」をつけることは有効です。毎日、目標に向かってどんな行動をしたかを記録するのです。

メリットは3つあります。


1つめは、目標に確実に近づいていることを実感できる点。

目標に向けて行動した内容を記せば達成感があります。「この調子なら3ヵ月後には達成できるぞ！」とモチベーションも上がります。反対にできなかったことを書けば反省材料になり、「明日はがんばらなければ」とやる気がわいてきます。

2つめは、自分の行動を客観視できること。

ダイエット法のひとつに「レコーディング・ダイエット」があります。毎日、食べたものや体重の変化を記録していくのが特徴で、食生活が文字やデータで視覚化されると、いかに自分が無意識に食べすぎているかを実感できます。すると、おのずと食べる量が減り、体重も落ちます。

それと同じで、毎日の行動を記録することで、自分のやっていることを冷静な目でとらえることができます。「もっとこんな行動を増やしたほうがいいのではないか」「この方法は効果的だから、これからも続けよう」といった分析ができれば、目標に向かって効率的な行動をとることができます。

また、日報にはできなかったことや反省点、悩みなども書いておくといいでしょう。マイナスの要素はあまり気が進まないかもしれませんが、文字にすることで感情的にならず、客観的に物事を見ることができます。

たとえば、「上司に企画書を提出したけれど、何の反応もなかった」ことがショックであれば、それをノートに記し、後日見返してみる。すると、「上司は忙しかっただけかも。明日、補足する点がないか尋ねてみよう」と前向きな対応策を思いつくものです。

3つめは、ノートの数だけ自信につながること。

毎日「行動日報」をつけていくと、使用済みのノートがたまっていきます。その束は、あなたの努力の証でもありますから、それを見るだけで自信がわいてきます。目標へと向かう原動力にもなるはずです。

毎日、日報を書くことを負担だと感じる人もいるかもしれませんが、行動日報の効果は絶大です。だまされたと思って、ぜひやってみてください。

即断即決ポイント⑰

毎日の行動記録が、目標達成の原動力になる

第4章

「思考時間ゼロ」を実現するための習慣

究極の即断即決は「思考しないこと」

即行動できる人は、自分が設定したゴールに向かって即断即決しています。目標を達成するために、「今、自分がすべきことは何か」を常に意識し、判断を下すのです。

つまり、まわりに流されることなく、自分自身の頭をフル稼働させています。

一方で、ゴールや目標の達成に直接関係しないことや日々のルーティンについては、あれこれ悩むことなく、半自動的にすぐに行動します。

成功者ほど、この傾向が顕著です。

アップル・コンピュータ（現アップル）の創業者である故・スティーブ・ジョブズ氏は、いつも同じような服を着ていました。

新製品をプレゼンする際の彼の姿を思い出してみてください。

彼は、いつでも黒のタートルネックにジーンズ、そして足下はスニーカーというスタイルを貫いていました。ピンとこない人は、ジョブズ氏をインターネットの画像検索にかけてみてください。同様の服装をした写真がたくさん並ぶはずです。

Ｆａｃｅｂｏｏｋの創業者であるマーク・ザッカーバーグ氏も、グレーのＴシャツや黒のパーカー、ジーンズが定番のスタイルです。

私がお付き合いしているお金持ちにも、毎回同じような格好をしている人が数多くいます。「〇〇さんといえば、いつも白のシンプルなシャツにジーンズをはいている」「××さんといえば、ダブルのスーツが印象的」というように、服装のイメージが固定化されているのです。

なぜでしょうか？

「今日、何を着るか？」といった小さな決断であっても、あれこれと迷っていると時間とエネルギーを消費することになります。

決断ばかり強いられると、それだけで疲弊してしまうのです。

そこで、一流の成功者は大切な決断を正確に下すために、些末《さまつ》なことは迷わずに済むような生活を心がけている、というわけです。毎日同じ服を着るようにすれば、朝から余計な決断をしなくても済みます。

ジョブズ氏ほど徹底してはいませんが、私自身も服装は似たようなスタイルが多いです。もともとファッションに対して強いこだわりがあるわけではないので、服を購入するときは、毎回お気に入りのショップに直行し、**店頭のマネキンが着ている服をそのまま購入**

します。

プロが選んだコーディネートですから、ファッションとして正解であることは間違いありません。また、気に入った服を色違いで複数購入することもあります。したがって、毎朝、服を選ぶときに迷うことはありません。

もちろん、「自分が着る服にはこだわりたい」という人もいるでしょう。服にこだわることも個性や価値観のあらわれですし、服選びに喜びを感じる人もいるでしょうから決して否定はしません。

ただ、ここで言いたいのは、**自分にとって重要度の低い決断は、極力減らすのがポイントだということ。**服選びにこだわるなら、代わりに他の部分については、自動的に決断、行動できるようにしておく必要があります。

日常生活も含めて、「思考時間ゼロ」で行動できる場面を増やす。それによって、いざ重要な決断を迫られたときにクリアな頭で即断即決ができ、最善な行動に結びつきます。

「思考時間をゼロにする」と聞くと、むずかしく感じるかもしれませんが、あなたも無意識のうちにそれを実行しています。

たとえば、朝、起床してから会社に行くまでは、ほぼ迷うことなく行動しているのではないでしょうか。

目覚めた直後に、「まずは顔を洗おうか？　それとも新聞をとりに行こうか？　いやいや、まずは窓を開けて空気の入れ替えをしようか」などと、あれこれ思いをめぐらす人はいないと思います。朝の行動はほぼ一定で、そこに思考が入り込む余地はないはずです。

毎朝の習慣のように、行動をルーティン化できれば、「思考時間ゼロ」で行動できる範囲は広がっていきます。

思考時間ゼロを実現するコツは、「こういう場面ではこうする」とマイルールを増やすことです。

たとえば、私の場合、家の近くでランチを食べるときは、いつも決まった定食屋に行き、同じ席に座り、同じメニューを頼みます。入店時間も混雑していない午前11時と決めています。

また、「新宿のランチはA店」「渋谷で飲むときはB店」「東京駅で打ち合わせをするときはC店」といったように、エリアや目的によって定番のお店があります。これならランチ難民にならず、いちいちネットで検索する手間も省けます。

その他にも、寿司屋に行けば「大将のおすすめで」と頼み、美容室に行けば「いつもと同じ感じで」と依頼すると決めています。そうすれば、失敗することはありませんし、余計な決断をしなくてすみます。

自分のゴールや目標と関係のない小さな決断については、マイルールを設定してルーティン化していく。こうして「思考時間ゼロ」で行動できる範囲を広げていけば、小さなことで迷うケースも少なくなり、重要な決断に集中できます。

お金持ちになる人は、決断の絶対数を減らし、重要な決断の精度を高めているのです。

即断即決ポイント⑱

成功者は日々の行動をルーティン化している

行動したくなる「スイッチ」をつくる

即断即決しても、すぐに行動できなければ意味がありません。

「さあ、やるぞ！」と思っていても、なんとなく気分が乗らずにできないといった経験を、あなたもしているかもしれません。

私のセミナーに参加してくださった島田加奈子さん（仮名）は、企業の総務部に勤務するかたわら、社会保険労務士の資格取得を決意。将来、独立起業することを目標に定めました。

やる気に満ちていた当初は順調で、朝1時間早く起きて出勤前にカフェで勉強し、土日も3時間ずつ勉強の時間にあてていました。

ところが、そんな生活は2週間しかもちませんでした。もともと低血圧で朝に強くない島田さんは、しだいに起床予定の時間に起きられなくなり、二度寝をするように……。土日の休日も家事やテレビ番組が気になって、なかなかテキストを広げられず、「このままではいけない」と近くのカフェに移動してみるものの、テキストではなく思わずスマホを開いてしまう始末……。そんな状態なので、一向に勉強は進みませんでした。

そんな彼女が打開策として取り入れたのは、音楽を流すこと。

彼女は、大好きなロックバンドの曲を目覚まし代わりに流すことにしました。

アップテンポの曲調で、彼女いわく「聞くだけでテンションが上がって元気になる」とのこと。目覚めにこの曲を聴くことで、時間通りに起きられるようになり、朝カフェでの勉強も捗《はかど》りました。

音楽の効果を実感した島田さんは、土日の勉強前にもこの曲を聴くようにすると、「さあ、やるぞ」と気持ちがたかぶりスムーズに勉強に集中できるようになりました。1年後、彼女は見事試験に合格。現在、起業独立を目指して準備をしているところです。

彼女の場合、大好きなミュージシャンの曲が、行動を促す「スイッチ」になったのです。

音楽の効果は絶大で、私自身も一時期、仕事に向かう車のなかで木村拓哉さん主演のドラマ『GOOD LUCK!!』のサウンドトラックを聞いていました。この曲を少し大きめの音量で聴くと、飛行機が大空に向かってテイクオフするイメージが頭のなかに浮かび、「よし、今日もがんばるぞ!」と気分が盛り上がるのです。

ちょうどお金のストレスフリーを実現するために仕事や勉強に励んでいた時期で、目標達成に向けて行動するためのスイッチの役割を果たしてくれました。

お金持ちになる人は、行動のスイッチを入れるオリジナルのアイテムをもっている人が少なくありません。

音楽だけでなく、香りも効果的です。お気に入りのアロマをスイッチにしている人や、香水をつけるとやる気がわいてくるという人もいます。

事業で成功したお金持ちは、「人生を変えよう」と思うきっかけを与えてくれた自己啓発の本を毎朝開くことを習慣にしていたといいます。数ページ読むだけですが、本を開くたびに、本に感銘を受けたときの感情がよみがえり、初心にかえれるそうです。

また、別の起業家は、手帳に憧れのスポーツカーの写真を貼り、行動を促すスイッチにしていましたが、数年後にお金を貯めて、見事スポーツカーを手に入れました。スマホの待ち受け画面に、行動のスイッチを入れる画像が表示されるように設定するのも効果的かもしれません。

あなたが、すぐに行動したくなるスイッチは何でしょうか。探してみてください。

即断即決ポイント⑲

やる気にさせる音楽や香りなどを見つける

不得意なことは自分で判断しない

料理の腕に自信がある人がレストランを出店するとします。

料理は得意なので、いくらでもメニューのアイデアはわいてきます。だから、料理まわりのことは即断即決できるし、すぐに行動も起こせます。

しかし、どんな場所に出店すれば繁盛店になるかといった出店戦略に関する知識がなく、素人同然であれば散々迷うことになります。「この場所に決めた！」と即断即決するのはむずかしいでしょう。

本来は人通りや飲食需要、客層などデータの調査・分析をするべきですが、結局は自分の思い入れだけで決めたり、家賃面で無理のない立地に決めたりすることがほとんどです。

しかし、立地が悪ければ飲食店はそれだけで不利になります。

また、どのようにお店の存在をＰＲすればお客様に認知してもらえるかといったマーケティング面の知識がなければ、やはりどのような戦略をとればいいか決めるのに時間がかかるでしょう。

真面目な人は、苦手分野についても自分で勉強し、決断を下そうとします。

しかし、自分でイチから勉強していたら、いくら時間があっても足りません。場合によっては、もたもたしているうちにチャンスやタイミングを逃すリスクもあります。

美容室の経営で成功しているある起業家は、自分は得意とする店舗づくりに専念し、店舗をどこに出店するかについては、それを専門とするコンサルタントに依頼したそうです。そして、いくつかの候補を出してもらい、そのなかから即決したとのこと。

成功している人は、自分の得意と不得意を認識しています。

得意な分野については即断即決する一方で、不得意分野については自分で決断せずに、得意な人に任せます。決してすべてを自分で決めようとしない。だから、どんどん前に物事が進みます。

投資の世界でも、苦手なことには手を出さないのが鉄則です。

私も知人から不動産投資をすすめられることがありますが、知識もなく、自分には向いていないと自覚しているので、「こんなにいい話はありませんよ！」と言われても投資することはありません。得意な投資信託に集中しています。

投資でお金持ちになった人は、不動産投資が得意なら不動産投資一本で、分散投資が得意なら分散投資だけに絞って運用しています。「いい投資先がありますよ」という甘いささやきに誘われて、知識もないままあれもこれもと手を出している人は、資産を減らしていく運命をたどることになります。

最近は不動産投資ブームということもあって、「不動産投資を始めようと思っていますが、どう思いますか？」と相談されることがあります。

もちろん、本気で不動産投資に乗り出し、熱心に勉強を続けている人は覚悟も決まっているでしょうから問題ありませんが、「みんな儲かっているみたいだから」と安易な気持ちで手を出す人も少なからずいます。

しかし、不動産投資で儲け続けようと思えば、専門家並みの知識が必要になります。不動産のプロでもよい物件を見分けるのはむずかしく、素人同然の投資家が同じ土俵で勝負するのは無理があります。

また、不動産投資は動かすお金が大きいので、ひとたび失敗すれば、取り返しのつかない損失を被るリスクもあります。

あまり知識のないままに不動産投資を始めようとしている人に対して、私は「REIT《リート》から始めてみてはいかがですか」とアドバイスしています。

REITは、投資信託の不動産版です。不動産投資のプロであるファンドマネジャーが投資家から集めた資金を投資・運用し、そこから得られる賃料や売却益が分配される仕組みです。自分で不動産を購入するよりも、はるかに少額で投資ができますし、リスクも小さくてすみます。

知識がないまま「どの物件に投資しようか」と迷って行動できずにいるよりも、とりあえずREITを買って不動産投資を体験したほうが勉強になります。自分で不動産投資を始めるのは、REITを通じて不動産投資を学んでからでも遅くないでしょう。

これは仕事にも当てはまります。

あなたのまわりにも、仕事を抱え込んでしまった挙句、先延ばしにするタイプの人がいるのではないでしょうか。

即断即決ポイント⑳

知識や経験のないジャンルはプロに任せる

新人の頃は苦手な仕事にもチャレンジすることは大切ですが、リーダーの立場にある人が抱え込むと、チーム全体の生産性が落ちることになります。

ビジネスはスピードがものを言います。

自分がパソコンによる資料づくりが不得意であれば、それを得意としている部下に任せてしまったほうが仕事は前進しますし、成果も出やすいのは当然です。

自分が苦手なことは、得意な人に任せて仕事をスピードアップさせる。それが成功の秘訣です。

やる気がしない仕事は「分解」する

「部長から頼まれた資料作成の仕事、そろそろ取りかからなくては……」

そう思っていても、なぜか気が乗らなくて先延ばしにしてしまうことはよくあるのではないでしょうか。

ついつい他の急ぎではない仕事を片づけたりしているうちに期限が迫り、あわてて仕事に取り組む、といった事態に陥りがちです。

やっつけ仕事になれば、仕事の質が落ちるので、上司からの評価も下がります。

このように、なぜかやる気が出ない仕事は分解すると、「すぐできる仕事」に変わる可能性があります。

では、どうやって分解するか？

ポイントは、「職務」と「感情」に分けて考えることです。

先の部長から頼まれた資料作成の例で言えば、職務は「資料作成」です。

資料作成自体がむずかしい仕事ではなく、これまで何度もこなしたことがある仕事であれば、それは職務が行動を阻害しているわけではないと考えられます。

次に、「感情」はどうでしょうか。

なぜこの仕事をすぐにやりたくないのか、自分の心の声を聞いてみるのです。すると、「過去に部長に資料を提出したときに、データが少ないことを厳しく指摘されて以来、部長から頼まれた仕事には腰が引けるようになった。今回も指摘されたらイヤだな」という思いが、行動の邪魔をしているとわかるかもしれません。

なんとなく仕事をする気がしないという場合、人間関係に原因があることが少なくありません。人間は感情で動く生き物ですから当然です。

ある成功している起業家も、「職務」と「感情」を切り離して考えるといいます。

2人の部下、AさんとBさんが作成した企画書のどちらかを選ばなければならないとき、たとえAさんのプランがいいと思っても、「同じ企画書をBさんがつくったとしても選択するか」という視点で考えるそうです。

お気に入りの部下の企画書をひいき目で見てしまう可能性があるからです。だから、「企画書作成」という職務そのものを評価するように心がけている、というわけです。

行動できない原因が人間関係にあるとわかれば、解決策も見えてきます。

部長が厳しくしてきたのは、「私に資料作成の基本を教えようという親切心だったのかもしれない」「私に期待しているからかもしれない」と、前向きに発想を転換することができます。

あるいは「部長は数字にこだわるタイプだから、データに漏れがないように作成すれば納得してもらえるだろう」と対策を立てられれば、行動へのハードルは低くなります。

すぐに行動するうえでネックになるのは、「なんとなくやる気にならない」というモヤモヤとした気分です。

原因さえわかれば、「それを取り除くにはどうしたらいいか？」という発想に切り替えることができ、スムーズに行動できるきっかけをつかむことができます。

即断即決ポイント㉑

「職務」と「感情」を分けて考える

「60点主義」で進もう

「すぐに行動できない」と悩む人は完璧主義者であることが少なくありません。すべてを完璧にやりきって、「100点にならないと前に進めない」というスタンスだと、時間ばかりかかって、チャンスを逃すことになります。

即断即決が得意なお金持ちは、100点を目指すことはしません。60点でもよしとして、まずは事を動かすことを優先するのです。

吉岡弥生さん（仮名）は、自他ともに認める完璧主義者。

ある日、上司からクライアント向けに提案する企画書の作成を頼まれたときも、どんな方向性でいくか悩みに悩み、締め切りを3日過ぎてから上司に提出。上司からは「早くしてほしい」と叱責されたものの、ユーザーにアンケート調査を実施するなど、本人のなかでは満足のいく仕上がりでした。

ところが……。

「吉岡さん、ちょっと」

眉間にしわを寄せた上司から呼ばれると、こう告げられました。

「この企画書、だいぶイメージと違うな。この方向性で行くなら、ひと言相談してほしかった……。今回は時間がないからもういい。私が書き直す」

結局、彼女の完璧主義が災《わざわ》いし、作業がムダに終わったばかりか、上司からの評価も下げることとなりました。

即行動できる人なら、方向性を迷った時点で、すぐ上司に「こんな方向性で行こうと思っていますが、どうでしょうか」と相談します。あるいは、できるだけ早くラフを作成し、上司に見せていたでしょう。ユーザーへのアンケート調査など質を高める努力は、上司のコンセンサスを得てからでも遅くありません。

100点をとることに固執すると、時間がかかるだけでなく、軌道修正がむずかしくなります。60点＝100点のつもりで動くとスピード感が出て、結果も出やすいのです。

大きな問題や目標ほど、60点で行動することが大切です。

アメリカのアニメ『トムとジェリー』に登場する穴がたくさん開いたチーズを思い浮かべてください。あれはエメンタールチーズというスイス原産のチーズで、「チーズの王様」と呼ばれています。チーズも穴の開いていない塊《かたまり》だと、潰すのもちぎるのも骨が折れますが、穴がたくさん開いていれば、それもしやすくなります。

それと同じで、**一見、困難に見える問題も、60点主義で早めに少しずつ穴を開けていけば、やるべきことが見えてきて、容易に解決できます。**

資産運用でも同じです。株式投資をして老後資金の足しにしようと決めたものの、「投資の勉強をしっかりしてから」「投資資金を十分に貯めてから」と準備にばかり時間を使っているとチャンスを失います。結局、勉強をしているうちにリスクばかりに目が行って、「お金が減ったらいやだから、貯金のままでいいや」と断念する人も少なくありません。

投資で成功する人は、仮に60点の準備しかできていなくても投資をスタートします。また勉強が十分ではないと自覚していても少額で始めてみます。実際、数千円あれば購入できる金融商品はたくさんあります。何事もそうですが、実際にやるとやらないとでは大違い。やりながら学べることはたくさんあります。

即断即決ポイント㉒

大きな目標ほど、小さく早く行動する

本をおすすめされたら、即購入、即報告

行動力は、まわりの人に好印象を与えます。

たとえば、あなたの部下に仕事を頼んだとき、すぐに行動してくれたら、「おっ、頼もしいなあ。彼にはもっと重要な仕事も任せてみよう」などと評価が上がるはずです。

あるいは、ホテルにチェックインしたとき、清掃の不備をフロントに指摘したところ、すぐに別の部屋に変更してくれるなど真摯《しんし》な対応をされたら、かえってそのホテルのファンになってしまうものです。

即行動することは、自分のためでもありますが、一方で相手の信頼を勝ち取ることにもつながります。お金持ちになる人は、それをよく理解しているので、普段のコミュニケーションのなかでも、すぐに行動することが習慣になっています。


ある交流会に参加したときのこと。

投資ビジネスで成功されている坂上和夫さん（仮名）とは初対面だったのですが、共通の関心事である投資の話で盛り上がっていました。

そのうち話題は、最近読んだ本へ。私がちょうどそのとき読んでいた本を絶賛すると、彼はすぐさまスマートフォンを取り出し、操作し始めました。

そして、こう言ったのです。

「私もその本、読んでみたくなったので、今、アマゾンで注文しました」

私は、彼の行動力に感銘を受けました。

通常であれば、

「それは興味深いですね」

「今度読んでみます」

などと言って、その場の会話は終わるものです。

単なる社交辞令のこともありますし、本当にあとで読もうと思っていたけれど、日々の忙しさのなかで忘れてしまうこともあります。

人間は面倒くさがりで、忘れっぽい生き物です。

正直に告白すれば、私もかつておすすめされた本を「絶対に買って読みます！」と言ったものの、そのまま買わずにスルーしてしまったことがあります。

だからこそ、**「すぐその場でネット注文してみせる」**という坂上さんの行動には大きな衝撃を覚えました。

おすすめしたほうとしては、自分が感動した本を他の人に読んでもらえるのは素直にうれしいですし、「即購入」という態度を目の当たりにすると、この人ともっとお話ししたい、今後もお付き合いしたいという気持ちになります。

単純だと思われるかもしれませんが、それが人間の心理ではないでしょうか。

じつは、話はそれだけで終わりません。

1週間ほど経ったころ、坂上さんからメールが届きました。

「先日、おすすめされていた本を読み終えました。田口さんのおっしゃる通りすばらしい内容でした。とくに58ページに書かれていた……という言葉は印象的で、思わず手帳にメモしてしまいました」

本を読んだ感想が丁寧に書かれていたのです。

このとき、私はすっかり坂上さんのことが大好きになりました。

返信メールで「今度、一緒にランチでも行きませんか？」とお誘いし、交流を深めることになりました。この本の一件がなければ、おそらく交流会で名刺交換をして関係は終わっていたと思います。

お金持ちになる人は本にかぎらず、いいと思ったものはすぐに試してみる、というマインドをもっています。

おいしいレストランをすすめられたら、実際に行ってみてそのことを報告する。そうして結果的に人脈を広げていきます。

お金は必ず「人」とのご縁から生まれます。

お金持ちは、すぐに行動することによって人とお金を引き寄せているのです。

あなたも即行動を心がけることで、コミュニケーションの質が変わり、人脈も広がります。

ただし、注意点がひとつ。

自分の感情に素直になることが大事です。

相手がすすめてくれた本を心から読みたいと感じたときは、その直感にしたがってすぐに行動に移すといいでしょう。

きっと、その本から得られるものがあるはずです。

しかし、興味をそそられないのであれば、無理して行動しないほうがいいのです。

「あまり興味はないけれど、相手に気に入られたいから」という打算的な動機は、相手に伝わるものです。

また、本が届いても読むのが億劫《おっくう》になって書棚に入ったままになる可能性があります。

即行動は、自分の感情がともなっていなければ逆効果になるのです。

即断即決ポイント㉓

すすめられたものはすぐに試してみる

1642万5000円
のタバコ代

誰にでも、やめたいと思っているけれどやめられない習慣があるものです。

長い時間をかけて染みついた習慣ほどやめるのはむずかしい……。何度もやめようと決断するけれど、三日坊主を繰り返してしまう。それが現実ではないでしょうか。

悪い習慣の代表といえば、タバコでしょう。

私自身、今はタバコをやめていますが、20代の頃に塾講師として働いていた頃は、典型的なヘビースモーカーで、1日平均40本は吸っていました。お酒が入ったときなどは、60〜80本は吸っていたはずです。

今ではだいぶ値上がりしましたが、当時は1箱250円の時代。1日平均750円はタバコ代に消えていました。借金が膨らむのも当然ですね。

私は健康や金銭面のことを考えて、「タバコをやめなければ」と頭の片隅では常に思っていました。何度かやめようと決意しましたが、そのたびにタバコの魔力に屈してきたのです。

しかし、いよいよ破産寸前というところまで追い込まれた私は、ムダな出費をやめることを決断。試しにタバコ代がどのくらいかかっているか計算してみました。

1日平均750円なので、1ヵ月で2万2500円（750円×30日）、1年で27万3750円（750円×365日）にものぼります。

仮に寿命が80歳だとして、成人してから60年間吸い続ければどうなるでしょうか。なんと、1642万5000円（27万3750円×60年）！

高級車を数台買える金額です。今では1箱400～500円くらいしますから、この金額は倍になってもおかしくありません。私は、この数字を見たとき、タバコを今すぐやめる決意を固めました。それ以来、一度もタバコは口にしていません。

第1章で痛風をきっかけにお酒を控えるようになったという話をしましたが、酒飲みの私にとっては、酒代もバカにならないコストでした。

お酒を控えるにあたって酒代を生涯換算してみたところ、ショッキングな現実をつきつけられました。1日平均1000円ほど費やしていたと考えれば、1ヵ月で3万円、1年で36万5000円、寿命の80歳まで60年間飲み続ければ、2190万円です。

この数字を見て、「これからお酒はほどほどにすること」以外に選択肢はないことを悟りました。お酒を控えるようにしてからは、酒代は10分の1になりました。

本当はやめたいけれど、なかなか踏ん切りがつかない――。

そのような悪習があるなら、それにかかるコストを生涯換算してみましょう。

たとえば、「コンビニで毎日お菓子を買ってしまう」「当たる可能性がきわめて低い宝くじを毎回買ってしまう」のであれば、それにかかるコストを計算してみるのです。

1回当たりの金額はたいしたことがなくても、ちりも積もれば山となりますから、その総額の大きさにショックを受けるはずです。

また、ムダな時間が多いと自覚している人は、浪費している時間を生涯換算してみましょう。「1日2時間ほどネットサーフィンをしてしまう」なら、年間730時間（約30日分）をムダにしていることになります。こうした現実を目の当たりにすれば、ムダな行動を減らし、有意義に時間を使おうという意識に変わるはずです。

即断即決ポイント㉔

負のコストは生涯換算してみる

「やりたくないこと
リスト」をつくる

「やりたくないこと」を意識すると、すぐ行動せざるをえなくなります。

保険の代理店業を営む遠山久志さん（仮名）は、年収２０００万円を稼ぐ経営者。彼はもともと保険会社の営業マンとして働いていましたが、そのとき2つの目標を立てました。

① 満員電車に乗らなくて済む生活をする

② 飛び込み営業をせずに商品を売る

当時、会社まで片道1時間半かかる自宅から通勤していた遠山さんは、毎日の通勤ラッシュに嫌気がさしていました。立ちっぱなしのまま殺気立った車内で過ごさなければならないことに大きなストレスを感じていたのです。

もうひとつ彼が苦痛に感じていたのは、飛び込み営業です。

新規客を獲得するために飛び込み営業が当たり前になっている会社だったので、彼も飛び込みで会社を訪問していました。しかし、断られるのが当然。なかにはあからさまに迷惑そうな顔をする人や邪魔者扱いする人もいました。いくら冷たい態度に慣れていたとはいえ、苦痛な仕事であることに変わりはありませんでした。

このままでは成績も上がらないばかりか、精神的にも潰れてしまう……。そう感じた遠山さんは、先の2つの目標を立てて手帳に書き記したのです。

これをきっかけに、遠山さんの仕事ぶりに変化があらわれました。

彼いわく**「2つのやりたくないことを明確にすることによって、やるべきことが明確になり、行動にもスピード感が生まれた」**とのこと。

まず、電車のラッシュアワーを避けるために、早起きして始発電車に乗ることを決断。すると、午前中のうちに重要な仕事や事務仕事が片づくので、午後は営業活動に専念できるようになりました。顧客を訪問する時間が増えて成績が上がったのはもちろん、効率的に仕事を進められるようになって、自然と残業時間も少なくなりました。

同時に彼は、飛び込み営業をしなくても済むように営業先を富裕層に絞って、彼らと徹底して付き合うことを決めました。

富裕層には高額商品を売れるだけでなく、同じく富裕層の知り合いが多いので、ひとたび信頼を獲得できれば、他の富裕層のお客様を紹介してもらえます。そのために、富裕層の顧客のところには積極的に顔を出し、雑談にもとことん付き合いました。これを続けていると芋づる式に顧客を開拓できるようになり、飛び込み営業をすることなく、遠山さんは一躍トップ営業の座に躍り出ました。

その後、彼は独立起業。満員電車とも飛び込み営業とも無縁の生活を送っています。

「やりたくないこと」を強く意識することは、行動力につながります。

「お金持ちになりたい」「海外生活をしたい」といった「やりたいこと」は、仮に実行しなくても現状維持で済むため、行動に結びつきにくい面があります。

しかし、「やりたくないこと」は、実行せずに放置していれば、苦痛を味わう結果になります。人間は本能的に苦痛から逃れようとしますから、行動のモチベーションも高くなるのです。

あなたが「やりたくないこと」「陥りたくない悪い状況」とはなんでしょうか？

それらをリストにして手帳など目につくところに貼っておけば、決断も行動もスピードアップするはずです。

即断即決ポイント㉕

人間は本能的に苦痛なことから逃れようとする

小さな「自分ルール」を徹底的に守る

世のなかには「自分に自信をもてないから即行動できない」という人もいます。

「どうせ何をやってもうまくいかない」

「失敗するくらいなら、行動しないほうがいい」

「今の自分には無理だ……。しかるべきときが来たらやろう」

行動しなければと思っていても、こうした思いがふと脳裏をよぎり、すぐやることにブレーキをかけてしまうのです。

あるセミナー参加者に「自信がなくて行動できない。どうしたらいいですか？」と相談されたとき、私は、このようにアドバイスしました。

「コンビニでお釣りをもらったら、必ずレジ前に置いてあるチャリティーボックスに入れる。これをしばらく続けてみてはどうでしょうか。すべてのお釣りを入れることに抵抗があるなら、10円以下のお釣りはすべて募金する、ということでもいいですよ」

最初、彼の表情にはクエスチョンマークが浮かんでいましたが、私がその理由を説明すると、納得した様子で「やってみます」と言ってくれました。

自信はポンと突然わいてくるものではありません。何かをやり続けて、達成する。積み重ねることで、徐々に自信は身につくものです。

したがって、ちょっとがんばればできる小さなルールをつくり、それをひたすらやり続ける。その行動を積み重ねることによって、達成感や自己重要感がアップし、次第に自信がついてきます。そうすれば「自信がないから……」という理由で、行動にストップをかけることはなくなるのです。

後日、アドバイスをした彼からは、こんなうれしいメールが届きました。

「田口さんに言われたように、小銭を募金箱に寄付し続けました。すると、『いいことをした』と気分がよくなると同時に、『今日も自分との約束を守れた』という達成感に包まれる感覚がありました。3ヵ月経った今、僕は昔から挑戦しようと思っていた資格試験の勉強を始めました。少し前までは『どうせ自分には無理』とあきらめていましたが、今はコツコツとやり続ければ、きっと合格できるという気持ちで、前向きに取り組めています」

自信を積み重ねることと、行動力には相関関係があります。

よく「学歴が高い人は収入も高い」という話を聞きますが、「頭がいい＝高収入」という単純な話ではないと私は考えています。

「勉強をしてテストでいい点数をとる」という経験を積み重ねている学生は、勉強という行動が自信につながることを肌感覚で知っているからです。

そんな彼らは社会に出ても、積極的に行動することが当たり前のようにできる。だから、ビジネスの成果につながり、収入も上がるのではないでしょうか。

逆に言えば、学歴は高くなくても、行動する習慣を身につければ高収入を得ることも可能ということになります。

自信をつけると、「すぐやる」のが当たり前になります。自分には「行動力が足りない」と思っているなら、小さなルールを徹底的に守って、自信をつけることから始めてみてください。

たとえば、こんなルールはどうでしょうか。

「食事を運んでくれたレストランの店員さんに『ありがとう』と言う」

「混雑したエレベーターで『何階ですか？』と聞いてボタンを押してあげる」

どんなルールを設定するかは自由ですが、ポイントは、誰でも心がけひとつでできるけれど、一部の人しかやっていない行為をルール化すること。

行動のハードルが低すぎても、高すぎても、自信にはつながりません。

即断即決ポイント㉖

達成感の積み重ねが自信につながり、即行動を促す

第5章

成功へと導く「直感力」の磨き方

「直感」で即断即決するということ

私が借金生活から抜け出そうと四苦八苦していた頃、セミナーや交流会で出会った成功者やお金持ちに、「どうして事業がうまくいったのですか？」と質問していた時期がありました。うまくいった理由を聞いて真似すれば、借金生活から抜け出すヒントになるのではないかと思ったからです。

ところが、期待するような答えは返ってきませんでした。

「気づいたら、うまくいっていたんです」

「運がよかっただけです」

「なんとなくいいと思って始めたんです」

返ってくるのは、あいまいな答えばかり……。

しばらくして、**うまくいった理由を「このとき、これをしたから」と論理的に答えられる成功者がきわめて少ない**ことに気づくこととなりました。

投資で成功した知人は、こんな話をしていました。

「結果的に、あのタイミングで、A社の株を買ったのがターニングポイントになったけれど、A社の株を買った明確な理由は覚えていない。なんとなく値上がりしそうだとピンときたんですよね」

あとから振り返れば、成否を分けるターニングポイントとなるような決断はあるかもしれませんが、**多くの場合、「なんとなくいいと思ったから、こっちを選んだ」というのが現実なのです。**

インタビューなどで成功のストーリーを理路整然《りろせいぜん》と語る人もいますが、うまくいった理由は後づけであるケースがほとんどです。なぜでしょうか。

うまくいっている人ほど「直感」で即断即決しているからです。

いいと思ったらすぐにやり、そう思わなければやめる。

決断している時点では、明確な理由をもっているケースのほうが少ないのです。

「判断基準」をもっていれば、即断即決がしやすくなるのはたしかです。明確なゴールや目標をもっていれば、それに近づけるかどうかを判断基準にして、即断即決できるケースも増えてきます。とはいえ、すべてのケースに判断基準があるとは限りません。

即断即決ポイント27

成功者ほど「直感」を信じる

「投資をするときに、金融商品Aと金融商品Bのどちらを選ぶべきか」

「友人に紹介されたCさんと今後も付き合ったほうがいいか」

「目の前にあるビジネスチャンスに飛びつくべきかどうか」

実際にやってみないと吉と出るか凶と出るかわからないことは、人生にはたくさんあります。ある会社の売上が10年連続で右肩上がりというデータを根拠に、その会社の株を購入しても必ずしも儲かるわけではありません。11年目に赤字に転落する可能性はゼロではありません。

やるべきか、やめておくべきかで迷ったとき、成功者は直感を大事にしています。

自分の気持ちに素直になる。じつはそのほうが、いい結果に転ぶことが多いのです。

「儲かるから」より「やりたいから」を優先してみる

即断即決をして成功している人は、自分の素直な感覚、すなわち直感にしたがって行動しています。

起業してお金持ちになっている人にインタビューしてみると、「このビジネスは、私の天職だと思った。だから、すぐに会社を辞めて起業した」「フランチャイズの話を聞いたとき、瞬間的に私もやってみたいと思って、すぐに申し込んだ」といった答えが返ってくるケースがほとんどです。

自分の直感と行動が一致しているとき、うまくいく可能性は高くなります。

一方、**自分の直感とズレが生じている決断は、うまくいかないことのほうが多くなります。**

起業家の志村陽介さん（仮名）は、知り合いから外国人観光客向けの民泊ビジネスが流行っていることを聞きました。実際その知人も、1年前から民泊ビジネスを始めて、今では会社員時代の月収を超えたとのこと。

当初、興味はなかったのですが、「東京オリンピックまでは確実に外国人観光客は増えるから、絶対に儲かる」と自信満々で話す知人の話に影響を受けて、だんだんと志村さんも「儲かるならやってみようか」という気分になり、とうとう民泊ビジネスに参入しました。

ところが、彼が提供した部屋は、思うように稼働率が上がりませんでした。不動産にも外国人向けビジネスにも素人だった志村さんの部屋は、ライバルの物件と比べて立地や設備面で見劣りし、外国人へのアピールも不十分だったからです。

さらに、外国人観光客に提供していたマンションが騒音やゴミ出しなどで近隣の住民とトラブルになり、その対応にも追われることになりました。結局、嫌気がさした彼は、民泊ビジネスから撤退。ほとんど儲けを得ることはできませんでした。

直感でやりたいと思わなかったのに、「儲かりそうだから」「○○さんがすすめるなら」などの理由で始めてしまう。これは典型的な失敗パターンです。

資産運用も同じ。直感と行動がズレると痛い目に遭います。

投資詐欺にあった経験のある人の多くは、最初にその投資話を聞いたとき、「そんなにおいしい話があるわけがない」「こんな儲け話はあやしい」という印象を受けるそうです。直感では「やめておいたほうがいい」という判断だったのです。

このとき、その直感に素直に従って断ればいいのですが、「こんなに儲かる」「この投資はあなただけに特別に紹介します」といった相手の話を聞いていくうちに、儲けに目がくらんでいきます。

そして、「あやしいけど、もし本当に儲かる話だったらあとで後悔するのではないか」と気持ちにブレが生じて、結局儲からない投資に手を出してしまいます。


即断即決するときは、あなたの直感を信じましょう。

もちろん、直感がはずれることもあります。でも、自分の感情に素直になって決断した結果であれば、「いい経験になった」と受け入れられます。

結果的にお金持ちになれなくても、幸せな気持ちで日々を過ごすことができます。

一時的にお金持ちになったけれど、結果的に財産を失う人は、感情よりも「儲かるから」といった論理を優先しているケースが多いです。本当に幸せなお金持ちは、自分の感情に素直に決断しているのです。

即断即決ポイント㉘

直感と行動をマッチさせる

「合わない」と感じた人とは距離を置く

「この人とは、もっと話してみたい！」

「この人とは、あまり付き合いたくない……」

初対面の人に対して、いい印象を受けることもあれば、反対にマイナスの印象を受けることもあります。

お金持ちになる人は、初対面のときの「直感」にしたがって、人間関係を構築しています。直感的にいいと思った人とは、これからもお付き合いすることを前提に対応しますが、直感的に合わないと感じた人には、それ以上深入りしません。

直感は経験値から生まれます。これまでさまざまな経験を積み重ねてきた結果を踏まえて、「こうしたほうがいい」と瞬時に判断するのです。20歳を超えていれば、たくさんの人とコミュニケーションをしてきた経験があるはずですから、自分と相性がいいかどうかに関する直感は高確率で当たるものです。

かつて、私は家業である保険代理店で働いていた時期があるのですが、そのとき父の顧客を引き継ぐことになりました。しかし、ある大口のお客様と初めて会ったとき、瞬間的に「このお客様とは馬が合わなそうだな」と思いました。

予感は的中。何かと要求が多かったり、たいした用事もないのに呼び出したりと、とにかく手間のかかるお客様だったのです。

どうしても耐えられなかった私は、その大口の顧客との付き合いをやめることを決断。一時的に売上は落ちました。**でも、大口顧客の対応に費やしていた時間と労力を他の収益の高いお客様の対応に振り向けることができたので、かえって利益は増えました。**

この一件があってから、直感的に「合いそうもない」と感じた人とは距離を置くようにしています。

誰かから飲み会や会食の誘いがあったとき、行こうかどうか迷うこともあるでしょう。

そのときも私は、直感的な好き嫌いで決めています。

「行きたくない」という気持ちのままOKを出してしまうと、そのアポイントそのものが憂鬱《ゆううつ》になるだけでなく、当日も楽しめません。そんな気持ちで参加すれば相手にも失礼でしょうから、誰も得しません。

「空いていたら行く」といったあいまいな返事は相手の迷惑になるだけ。気が進まなければきっぱり断ってしまうほうが、自分にとっても相手にとってもプラスになります。

もちろん、会社員の立場だと取引先との接待や上司との付き合いもあるので、簡単に割り切ることはできないでしょう。

しかし、経営者や起業家、フリーランスなどの立場であれば、「仕事がらみだから」というしがらみをそれほど気にする必要はありません。飲み会の誘いを断ったからといって、仕事がもらえないような関係であれば、もともと無理があったのです。お互いに仕事で必要としている関係であれば、飲み会に行かなくても問題ないはずです。

また、友人との飲み会でも、本当に行きたくないと思ったら断ったほうがいいでしょう。ズルズルと友人関係を続けてもストレスやトラブルが増えるだけです。本当に自分にとって大切な友人なら、誘いを受けた瞬間に、「楽しみだ」という気持ちになるはずです。

即断即決ポイント㉙

人間関係も直感で判断する

情報過多が、あなたの直感を鈍らせる

お金持ちは、直感を大事にして即断即決していきます。そして、一流の人ほどその直感が冴《さ》えわたっていて、自分が望む結果を手にしています。お金持ちの直感と、そうでない人の直感では、その質や感度が大きく異なるのです。

その差は、どこから生まれるのでしょうか。

ひと言で言えば、直感が働きやすい環境をつくれているかどうか、です。

近年、人々の直感を鈍らせる大きな原因となっているのが、情報過多の問題です。

即断即決をするときには、ある程度の情報が必要不可欠ですが、情報が多すぎてもかえって直感が正常に働きません。頭のなかが情報でいっぱいになっていると、選択肢が多すぎて決断力が鈍るのです。

知り合いの野田順子さん（仮名）は、老後に備えて資産運用を始めることを決意。雑誌で紹介されていた投資信託が自分に向いているのではないかと思い、書籍を購入したり、セミナーに参加したりと情報収集を始めました。

ところが、あるセミナーで知り合った投資家から、「投資信託はやめたほうがいい。個別株を買ったほうが稼げる」とアドバイスされて、個別株にも興味がわいてきました。そうして情報収集を続けているうちに、ＦＸや不動産投資も魅力的に映るように……。

そんな野田さんが私の講演会に足を運んでくれました。

「投資家の知り合いから、田口さんのお話は資産運用に役に立つと言われて来てみました。田口さんが紹介してくださった投資法も魅力的ですね。どの方法がいいか迷ってしまいます」と話す彼女に詳しく聞いてみると、本棚には50冊近くの投資関連の書籍が並び、セミナーへの参加は30回以上に及ぶとのこと。しかも、最初に資産運用を始めようと思ってから1年半も経っているというではありませんか。

私は「資産運用は早く始めるほど有利ですよ」とアドバイスするのがやっとでした。それ以後、音沙汰がなくなってしまったので彼女がどうなったかはわかりませんが、もしかしたら、今もさまざまなセミナーに参加して、最高の投資法を探し求めているのかもしれません。

野田さんの例のように情報がたくさんありすぎると、何が正解かわからなくなり、即断即決できません。**とくに投資や起業などの場合は必ずリスクがともなうので、情報収集すればするほど、失敗談などのマイナス情報が入ってきます。**

もちろんリスクを知っておくことは大切ですが、必要以上に情報があると「本当に大丈夫かな」と決断に迷いが生じ、結局、先延ばしにする結果となります。

「何をすべきか」を探すための情報収集は要注意。すでにやるべきことが明確になっているならいいですが、それが決まっていないと、まわりから入ってくる情報に翻弄《ほんろう》されることになります。

また、人間関係が広がりすぎても、直感が鈍り即断即決がしにくくなります。自分の軸が明確になっていて、決断もブレる恐れがないなら問題ありませんが、そうでない場合、まわりの人の考え方や言動に影響を受けて、何を選択すればいいかわからなくなります。

起業を目指している人のなかには、「まずは人脈づくりから」といって交流会などに積極的に顔を出す人もいますが、自分が何で起業するかを決める前に、むやみに人脈を広げようとすると、まわりに翻弄されて正しく直感が働きません。

即断即決ポイント 30

情報収集は、やることを決断してからおこなう

「スマホ断ち」をしてみる

あなたは、1日にどのくらいの時間、スマートフォンやインターネットを使っているでしょうか。総務省の情報通信白書（平成27年版）によると、全世代平均で、1日83・6分の時間をネット利用にあてているという調査結果が発表されています。20代にかぎれば151・3分にもわたってネットを利用しています。

少し調べ物をするつもりが、1時間も2時間もネットサーフィンをしてしまった……といった経験をしている人は少なくありません。

ついつい必要以上にネットに触れてはいないでしょうか。

先ほど述べたように、情報が多すぎると直感が鈍り、即断即決の妨げになります。結果的に正常な判断ができません。

とくにFacebookなどのSNSは、即断即決の天敵ともいえる存在です。知り合いの近況が気になってつい頻繁に覗いてしまいますし、それらの情報を見ているだけでも影響を受けてしまいます。あきらかに情報過多となります。

雑多な情報があふれ返っている現代社会だからこそ、インターネットやスマートフォンと距離を置く時間が大切です。流入してくる情報を適度に保つことによって、直感のセンサーは磨かれます。ただ、人間の意志は弱いものです。仕事に集中するつもりでも、ついスマホをいじってしまいます。

そこでおすすめしたいのは、「スマホ断ち」です。

何かに集中するときはスマホの電源を切って、手の届かない場所に置いておくなど、スマホを見たくても見られない環境をあえてつくるのです。

私が知っているお金持ちは、週1日、定期的にスマホやパソコンの電源をすべて切って、ネットをまったく使わない日をつくっているそうです。そして、じっくり頭を使って考える仕事をしたり、将来の戦略を立てたりしています。

私も直感を正常に働かせるために、夜、家で寛《くつろ》いでいるときはスマホの電源を切るなど、できるかぎりスマホやインターネットとは距離を置くようにしています。

とくに旅行に出かけるときは、スマホのSNSアプリをアンインストールします。

旅行先で楽しむことに集中したほうが、旅から得られるものは大きくなります。アプリは旅行から帰ってきてから再インストールすれば問題ありません。

最近は、スマホの電話番号を解約しようか画策中です。連絡手段はほとんどメールか

SNSで事足りているので、PCやネットの環境さえあれば支障は出ないと考えています。ここまで徹底しているのは、「スマホ断ち」を意識していないと、つい見てしまうことを自覚しているからです。

メール返信もスマートに済ませるのが原則。メールが気になって返信に忙殺されては本末転倒です。本来メールはビジネスを効率よく進めるツールにすぎません。私の場合は朝、決まった時間にまとめてメールを返信し、それ以外の時間は原則チェックしません。**なかにはメールはほとんどチェックしないという猛者《もさ》もいます。**

メールに振り回されるくらいであれば、いっそのこと見ないほうがいいというスタンスです。本当に重要な案件であれば、相手が電話などで連絡をとろうとするはずです。

まずは「半日スマホもネットも見ない」ことから始めてみてください。頭がスッキリする感覚を得られるはずです。

即断即決ポイント31

スマホやメールのマイルールを決めよう

あてもなく電車に乗り込む

日々忙しくしていると、目の前の仕事や生活に追われて、直感のセンサーがうまく働かなくなります。残業や徹夜続きだと仕事のクオリティーが下がるのと同様に、頭のなかが情報ややるべきことでいっぱいで、的確な決断ができなくなる恐れがあるのです。

そのような状況を避けるためにお金持ちが実践していることがあります。

それは、一人の時間をつくること。

忙しく日々を過ごしている人は、なかなか一人になれる時間がありません。

基本的に仕事は一人ではできませんし、情報化社会ではSNSなどを通して常に誰かとつながっている感覚があります。

そんな世のなかだからこそ、**誰にも会わず、一人きりで考える時間が必要**なのです。

私も「一人会議」と称して、定期的に一人でゆっくり思いをめぐらせる時間を確保しています。もちろん、その時間中はスマホの電源はオフにして、雑音が入るのをシャットアウトします。

一人会議では、自分の理想とする3年後、5年後、10年後のイメージに向かって前進しているかを自問自答し検証します。また、今後のビジネス展開や戦略など、じっくりと腰をすえて考える必要のある事柄についても、半日、あるいは丸一日かけて検討します。

私は居心地のよいホテルのラウンジや自宅の書斎を使っていますが、思考を邪魔されない環境であればどこでもＯＫです。

億万長者でもある起業家は、じっくり考えごとをしたいときには、目的地を決めずに電車に乗るそうです。そして終点に到着したら電車を乗り継ぎ、ひたすら遠くへ遠くへと電車の旅をする。彼はこの不思議な旅のメリットについてこう語ります。

「自宅や会社など普段の行動範囲内で一人の時間をもっても、情報や雑音が入ってきやすいので思考をめぐらすには向いていません。家で考えていると、つい昼寝をしたり、テレビを見てしまったりしますから……。しかし、**あてもなく電車に乗り続けていれば、他にすることもありませんから、じっくりとこれからのビジネス戦略を練ることができます。**ポイントは、『目的なく電車に乗り続けること』です。旅行が目的だと、どこを観光しようか、何を食べようか、といったことばかり気になって大事なことは考えられません」

どのような環境が一人会議に向いているかは、人それぞれだと思いますが、いつもの出勤とは反対方向の電車に乗って、あてもなく電車を乗り継いでみるのも楽しそうです。

車窓を流れる風景を見ながら考えをめぐらすと、直感力も研ぎ澄まされそうです。ぜひあなたも一人でじっくり思考できる、とっておきの場所を見つけてください。

人生に迷いを感じている人や即断即決ができないと自覚している人は、一人会議の場で、即断即決のベースとなる「軸」について考えてみることをおすすめします。先述したように、「軸」とは、物事の判断基準となる価値観やポリシーなどのことを言います。「こういう人生を送りたい」といったゴールや目標も「軸」のひとつです。

「仕事ではこんなことを達成したい」「プライベートではこんな生活を送りたい」といった将来のイメージを思い描き、頭を整理しておくと、即断即決しやすくなります。

即断即決ポイント32

一人の時間をつくり、「一人会議」に没頭しよう

部屋の「いらないもの」を直感で捨てる

あなたの部屋や職場のデスクまわりを見まわしてみてください。

すっきりと整理整頓されているでしょうか。

それとも、不要なものがあふれ返った状態でしょうか。

部屋やデスクは、その人の頭の中身をあらわします。

いらないものであふれ、汚くなっていれば、頭のなかが乱れている証拠です。

破産寸前だった頃の私の部屋もものであふれかえっていました。クローゼットにはカードローンで購入したブランド物のスーツが何着もかかり、アイロンもかけていないよれよれのシャツは数えきれないほど。ド派手でチンピラのような柄のネクタイは50本以上ありました。ほとんどは2〜3度着てすぐに飽き、たんすの肥やしとなっていました。

さらに、リビングには1000冊以上の本が山積みになり、まさに足の踏み場もない状態でした。

しかし、借金を返済することを決意した私は、不要な服や本はすべて処分。部屋が片づくのに比例して、借金も減っていきました。

「片づけ」と「決断力」には、相関関係があります。身のまわりの必要なものと不要なものを見分けられないようでは、即断即決が求められる場面でも、頭のなかが必要な情報とそうでない情報がごちゃまぜになり、正しい直感も働かないでしょう。即断即決で結果を出している経営者のデスクまわりはものが少なく、すっきりしているものです。

直感力を磨くためのトレーニングを紹介しましょう。

自分の家のなかにあるもの、または職場のデスクまわりで、必要のないものを処分していくのです。購入したけれどほとんど着ていない洋服、積読したままの書籍などは、ためらう必要はありません。それらは捨ててもまったく実害はありませんし、何よりも気分がすっきりします。

しかし、捨てるべきか迷うものもあるでしょう。そんなときは、直感で「好きかどうか」で判断してください。高かったけれどほとんど着る機会のない服は、もったいないから捨てられないだけで、好きなわけではないでしょう。

お金持ちの部屋を訪問すると、意外なほどシンプルでものが少ないです。彼らは好きなものだけに囲まれているからです。

部屋がすっきりするにしたがって、頭が整理された感覚を得られるはずです。

さらに、ものだけではなく、人脈も整理してしまいましょう。

スマートフォンのアドレス帳に、何年も連絡をとっていない人の名前が入っていないでしょうか。その他にも、こちらから連絡をとる可能性がきわめて低い人、相性が悪いので会いたくない人などの連絡先もそのまま残されているかもしれません。

そのような相手のアドレスはすべて消去してしまいます。

ついでに、紙の名刺も整理してしまいましょう。捨てても問題ない名刺は意外と多いはずです。

人脈を整理することによって、自分にとって大切な人かどうかを再確認することになり、人間関係もシンプルになります。人間関係がすっきりすれば、雑多な情報にまどわされる心配もなくなり、自分にとって必要な情報が向こうから入ってきます。

結果的に、即断即決しやすくなるのは言うまでもありません。

即断即決ポイント㉝

部屋が乱れているのは、頭のなかが乱れている証拠

店選びで直感力をトレーニングする

直感力を磨くトレーニング法のひとつとして、私自身が実践していることがあります。気軽にできる簡単な方法なので、ぜひ試してみてください。

それは、土地勘のない街に行って、知らない店で食事をすることです。

お金持ちと行動をともにしていると、お店選びが卓越《たくえつ》しているのに驚かされることがよくあります。

初めて訪れる街で食事する店を探すときでも、「あっちにしよう、こっちにしよう」と迷うことなく、店構えや雰囲気から判断し、サクッと「ここ、よさそうですね」と言って店に入っていきます。このようなケースでは、ほとんどはずれはありません。不思議と満足するお店に行きあたります。

お金持ちが店選びで失敗しないのは、**即断即決を繰り返すなかで直感力が磨かれているので、瞬時にいい店とそうでない店をかぎ分けられる**のだと私は分析しています。

仕事やプライベートで初めて訪れた街で食事をとる機会があれば、ぜひ自分の直感を信じて暖簾《のれん》をくぐってみてください。

もちろん、食べログなどインターネットで検索するのは厳禁。「あっちの店がいいかな、いやこっちの店のほうがよさそうだ」と同じ通りを行ったり来たりするようなら、直感力が弱い証拠です。

結果的に満足する店にあたるかもしれませんし、失敗するかもしれません。しかし自分の直感で店を選ぶという経験そのものが、直感力を磨くトレーニングになります。旅行に出かけることも、直感力を磨くトレーニングになります。

パッケージ旅行は添乗員に連れられて観光するだけなので効果はありませんが、個人で旅行のプランを立てると、自分で訪れるスポットや食事する店、宿泊する宿などを選ばなければなりません。それこそ直感力が試されます。

私もどちらかというと、行き当たりばったりで現地で観光するのが好きで、ゲーム感覚で旅先での選択を楽しんでいます。

もちろん当たりはずれはあるかもしれませんが、たとえ失敗しても「こんな目に遭って大変だったよ」と土産話になります。

いつも旅行プランを人任せにしている人は、自分で旅行プランを立ててみましょう。一人旅も、自分を見つめ直す機会にもなり楽しいものですよ。

これらのトレーニングを通じて、なかなか店が決められず、直感力に欠けていると自覚したのであれば、直感力のある人と一緒に行動すると効果的です。

あなたのまわりにも、仕事ができるだけでなく、店選びも一流という存在がいるのではないでしょうか。

そんな人と一緒にランチや飲み会に行くなど行動をともにしていると、どういう判断基準で即断即決しているのか学ぶことができます。

一流の人が即断即決するプロセスのなかには、決断力を高めるヒントが眠っています。

即断即決ポイント34

土地勘のない街で、知らない店に入ってみる

愚直に同じアイテムを使い続ける

私がまだお金のストレスフリーを実現する前の話です。

あるお金持ちにお会いしたとき、いかにも高級な万年筆に目を奪われました。

「その万年筆、きっと高価なものですよね。さすが成功している人は違いますね」と言うと、こんな答えが返ってきました。

「たしかに安くはないですよ。でも、この万年筆に一目ぼれして購入してから、10年は経っているから元はとっています。それよりも大事なポイントは、気に入ったものを使い続けることに価値があるということ。他のペンをもつとどうも落ち着かないけれど、この万年筆をもつだけで平常心になれるんですよ」

彼にかぎらず、成功者は一度気に入ったアイテムを使い続ける傾向があります。

自分にしっくりくるものに囲まれていれば、常に平常心でいられます。つまり直感力を鈍らせることなく、即断即決もできます。

私の場合、10年ほど同じ手帳を使い続けています。決して浮気はしません。この手帳を開くと、どこか落ち着いた気分になります。ノートも毎回コクヨのB5サイズの同じ罫幅の商品を購入しています。「ボールペンはこれ」「PCはこれ」と、いくつも定番があります。愚直に同じアイテムを使い続けることは、購入するときに迷わないというメリットもありますが、それ以上に重要なのは、自分にとって使いやすいものに囲まれることで、大事な仕事や思考に集中することができます。

それは、直感力を高めることにもつながるのです。

ころころと使用するアイテムを変えている人は、決断をするときも場当たり的にころころと変える傾向があります。それは判断基準となる「軸」がない証拠です。

なお、定番のアイテムを選ぶときは、「好き」という感情をベースに選んでください。お気に入りのアイテムでなければ、長く使い続けようという気持ちになりません。「これはいい！」と思えるものに出合うまで、いろいろな商品を試してみることも大切です。

即断即決ポイント㉟

お気に入りのものを使い続けることで平常心を保てる

終章

「即断即決」の先に待っているもの

不言実行を貫く

先延ばしをやめて即断即決を実行すると、人生が大きく動き始めます。

目指すゴールが大きければ大きいほど、日々の行動が劇的に変わります。

これまで数多くの成功者やお金持ちを見てきましたが、そのほとんどが即断即決をすることで、人生を好転させています。ぜひ、あなたにも即断即決がもたらす人生の変化を体験してほしいと思っています。

人生を変えるほどのゴールや目標を定めたら、それに向けて即断即決を繰り返し、行動を積み重ねるだけです。成功するにはそれを繰り返す以外に道はありません。

このとき、「弁護士の資格をとって事務所を構える」「独立起業してネイルサロンをオープンする」といった、自分が決めたゴールや目標をまわりに宣言する人がいます。

ビジネス書などにも、有言実行をすすめるものが多くあります。

実際、まわりに目標を宣言することでモチベーションが上がる人がいるのは事実です。

有言実行のプラスの側面を否定するつもりはありませんが、**有言実行にはマイナスの側面もあることを認識しておいたほうがいいでしょう。**

目標を宣言すれば、応援してくれる人が増えます。励ましの声は大きな励みになります。

一方で、いろいろと雑音が増えるのも事実です。

田辺美香さん（仮名）は、30代前半のＯＬ。趣味であるネイルアートの技術を活かして、自宅の一角を使ってネイルサロンをオープンさせることを決意しました。彼女は不退転の決意で臨むために、ブログを開設して、ネイルサロンを開業することを宣言。そのプロセスを逐一ブログにアップしていくことにしました。

ブログを通じて届く応援の声は励みになりましたが、一方で彼女はアドバイスや意見に悩まされることに……。

「ネイルサロンは立地が大事。自宅では勝負にならない」
「ネイルサロン業界は競争が激しい。もっとコンセプトや戦略を練り直したほうがいい」
「これからの時代は外国人観光客を取り込まないとやっていけない」

こうしたアドバイスの多くは親切心から投げかけられたものですが、田辺さんはこうした意見に触れるたび、「このままではうまくいかないのではないだろうか」という不安に襲われるようになりました。そして、ある日、彼女はネイルサロンのオープンを先延ばしにすることを決めました。

自分の目標に自信がもてなくなり、即断即決を繰り返すことができなくなったのです。

有言実行は諸刃《もろは》の剣です。うまく使いこなせれば原動力になりますが、まわりに振り回されると行動にブレーキをかける結果となります。

私が見る限り、有言実行が裏目に出ているケースが多いように感じています。

人生を本気で変えたいなら、「不言実行」を貫くことです。

目標を決めたら、黙って目標に向かって着実に行動を続ける。そうすれば外野の声が気になってブレる心配もありません。「不言実行」だと先延ばしにしてしまわないか心配だという人もいるかもしれません。そのために、本書では「すぐに行動する」ためのヒントを述べてきました。あなた自身の決断を信じて不言実行を貫いてください。

即断即決ポイント㊱

「有言実行」は決意が揺らぐ恐れがある

いちばん大切な味方が手に入る

「不言実行」するといっても、自分の身内にまで黙っておくのは現実的ではない場合もあります。

たとえば、脱サラして起業したり、田舎暮らしを始めたりするのであれば、家族の生活にも大きな影響を与えることになります。妻（夫）を説得できないまま事を進めても、幸せな結末は望めません。

とはいえ、理解を求めようとしても、大半のケースは猛反対に遭います。

大きなゴールや目標になればなるほど、捨てるものが大きくなり、家族にも変化を強いることになります。身内ほど人生を変える決断に対して、諸手を挙げて賛成してくれません。

身内が反対するおもな理由は、変化することや何かを失うことを恐れるからです。

しかし、もうひとつ見逃せない理由があります。

それは**「大切な身内だから放っておけない」という思いやり**です。本気で身内の将来を心配するからこそ反対するのです。そのことを忘れてはいけません。

その証拠に、まったく同じことを身内以外の人がやろうとしても、そこまで反対はしないでしょう。むしろ賛成することさえあります。

私自身も、身内から大反対に遭った経験があります。

20代の頃に、父親の体調不良をきっかけに、両親が営んでいた保険代理店を私が引き継ぐことになりました。しばらくは両親の顧客を引き継いで営業していたのですが、あるとき、大きな決断をすることになりました。

うちの抱える顧客を他社の代理店に譲り渡して、会社を畳むことにしたのです。

詳しいことは省きますが、このまま営業を続けても先細りするだけで、いずれは廃業せざるを得ないことが判明したのが、いちばんの理由です。

また、私自身も投資運用で資産を増やし始めていた時期で、将来は自分の経験を活かしてマネーリテラシーの大切さを伝える活動をしたいと考えていました。

ところが、ここからが大変でした。両親には顧客を譲渡しなければならない事実やデータを示して理解してもらおうとしたのですが、父親は猛反対しました。

今、顧客を譲渡すれば一定の収入を確保でき、老後の生活費も心配ないことも説明したのですが、「そういう問題ではない！」の一点張り。粘り強く話し合い、ケンカしながらも父親と向きあったのですが、最後まで納得してはもらえませんでした。

結局、顧客を譲渡して会社を畳んだ私に対して、**父は「二度とうちの敷居をまたぐな」と言い放ちました。**勘当《かんどう》同然の対応に、私はたまらず家を飛び出すことになりました。

当時は、私も若かったですから、「頑固者！」と父を敵視していましたが、今なら父の気持ちは少しわかります。自分が築き上げてきた会社を息子に潰されるくやしさ、将来は講演活動をして食べていくという息子を心配する気持ち……。

さまざまな感情が絡み合って、私の決断に反対していたのだと思います。

家を出てから数年後、私はお金のストレスフリーを実現し、立て続けに書籍を出版することができました。全国紙の書籍広告に「田口智隆」の名前が出ているのを見ながら、父親はこう言ってくれました。

「がんばっているじゃないか」

このひと言に私は救われました。「父に悪いことをした」と、心の奥では申し訳ないと思っていたからです。あのとき大反対したのは私に対する思いやりも含まれていたと、あらためて実感することもできました。

時間はかかったものの父に認めてもらえたことは大きな自信になりました。

今では、本気で反対してくれた父に心から感謝しています。

あの反対があったからこそ、「本気で成功しよう」と覚悟を決めることができました。

あなたの決断に対して、身内は反対するかもしれません。

しかし、それは愛情の裏返しかもしれないことを覚えておいて損はありません。

心を込めて説得すれば、いちばん心強い味方になってくれるはずです。

即断即決ポイント37

「身内であればあるほど反対される」と心得る

おわりに——自分の意志で、始めてみよう

最後までお読みいただき、ありがとうございました。

本書を読み終えた今、あなたは「即断即決をして成功を手に入れよう」とやる気のエネルギーに満ちているのではないでしょうか。

もしそうであるならば、最初の即断即決を実行しましょう。本書を閉じて、すぐに何かひとつ決断し、行動するのです。

何かを断ってもいいですし、何かを始めてもいいでしょう。本書の項目を実践に移してもかまいません。とにかく、自分の意志で即断即決するのです。

私が新刊を出版するたびに、「田口さん、あの本読みました。今回もとても役に立ちました」と報告してくれる読者がいますが、よくよく話を聞いてみると、いまだにお金が貯まらない状態から脱していないとのこと。

「実際にノウハウを試してみましたか？」と尋ねても、「やってみたいとは思っていたのですが、なかなかできなくて……」と歯切れの悪い回答ばかり……。

せっかくビジネス書を読んだのに、「いい内容だった」「今度やってみよう」で終わらせてしまえば、何も変わりません。 やるべきことを先延ばしにすれば、お金持ちになれないのは当然のことです。

一方、お金持ちや成功者は、本を読んで考え方やノウハウがいいと思ったら、すぐにやると決めて行動に移します。即断即決するのです。

「田口さんが本で書いていた通りに実践したら、お金が貯まるようになりました！」と報告してくれる人は、やがて私のセミナーや講演会に顔を出さなくなります。

学んだことをすぐに実行すると決められる人は、すぐに効果があらわれ、私のセミナーや本がなくても自分で楽しい人生を手にしているのでしょう。
本を閉じて、すぐに即断即決し、行動できるかどうか。
それが、成功できる人とそうでない人との運命を分かつことになります。

今こそ、即断即決するときです。

本書で役に立つと思った方法をひとつでも実行することを約束してください。
即断即決はすぐに結果につながることを実感できるはずです。

田口智隆

著者プロフィール

田口智隆（たぐち・ともたか）

1972年埼玉県生まれ。投資家。株式会社ファイナンシャルインディペンデンス代表取締役。大学中退後、学習塾の講師となるも、連日飲みに行き借金が膨らむ。28歳のとき、父親が病に倒れたのを機に、父親が経営する保険代理店に入社し、地域ナンバーワン代理店に成長させる。また、徹底した節約と資産運用により、自己破産寸前まで膨らんだ借金をわずか数年で完済。その後は「収入の複線化」「コア・サテライト投資」で資産を拡大。34歳のときに独立する。現在その経験を活かしマネー・カウンセリングをおこなう一方、日本全国でセミナー活動を積極的におこなっている。

著書は、『28歳貯金ゼロから考えるお金のこと』（KADOKAWA）、『11歳のバフェットが教えてくれる「経済」の授業』（フォレスト出版）、『お金が貯まらない人の悪い習慣39』（マガジンハウス）、『なぜ賢いお金持ちに「デブ」はいないのか？』（水王舎）など、累計70万部を超える。

即断即決

—速さは無敵のスキルになる

2016年12月25日　第1刷発行
2017年 1 月20日　第2刷発行

著　者　　田口智隆

発行人　　櫻井秀勲
発行所　　きずな出版
東京都新宿区白銀町1-13　〒162-0816
電話03-3260-0391　振替00160-2-633551
http://www.kizuna-pub.jp/

印刷・製本　モリモト印刷

ISBN978-4-907072-84-1

きずな出版

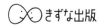